THE ANXIETY SURVIVAL GUIDE

Getting through the Challenging Stuff

轉大人微焦慮求生指南

年輕人的心靈陪伴之書

讓你挺過成長過程中的不安，
學會如何不尷尬地長大。

Bridie Gallagher 布麗迪・蓋勒格 —文
Sue Knowles 蘇・諾莉斯 —文
菲比・麥克艾文Phoebe McEwen —文　張國儀—譯

Part / 3

成年後可能產生的焦慮及應對方法

致謝

我們最衷心感謝的是一群對這本書做出各種不同貢獻的年輕人，無論是幫忙填寫問卷，讓我們清楚各種會產生焦慮的社交狀況（其中許多狀況涵蓋在本書的討論範圍中），或是鼓起勇氣為我們寫下了自己親身經歷的故事。

另外，布麗迪想大聲說句「謝謝」的對象，是她的伴侶和孩子們，因為他們讓她的「轉大人」過程，變得比預期中更加美好。此外，布麗迪也由衷感激一起工作的同事們，以及她輔導的那些年輕人，是他們讓她時時牢記在心，哪些事情值得花費心力去擔憂，而哪些事情則是需要放手。

蘇要感謝的是長期以來一直受她折磨的老公班恩，他總是默默地承受蘇因為寫書而產生的所有壓力。此外，還有兒子湯姆，他幫忙閱讀了本書無數的草稿，並提供建議（雖然是看在冰淇淋的份上）。同時，蘇也想要向她在CMUK絕頂聰明的團隊致意，感謝他們總是讓她對自己的工作充滿了熱誠。

菲比則是想要感謝她最好的朋友康納給她不間斷的愛和支持，也要感謝她的爸媽和兄弟連恩幫助她度過人生中非常難熬的那幾年，最後還有她的保姆皮爾森，雖然她已經不在了，無法讀到本書，但相信她一定會為菲比感到非常驕傲。

非常感謝對我們嚴格挑剔的校稿人：史蒂夫和瑞琪。

最後也要感謝「為孩子而行動」（特別是阿曼達、麗莎和羅瑪）以及Llamau*（艾瑪）對我們的支持、熱情，並協助我們蒐集這本書中的各種故事。

* 譯註：Llamau為英國威爾斯地區的慈善團體，主要收容弱勢青少年和女性，提供住宿及各種生活支援，協助他們擺脫流落街頭的境遇，並重新獲得自立的能力。

前言

這本書是為了那些飽受成年所必經的歷練與挑戰所苦的年輕人而寫。我們三人都知道，長大成人的轉換期會讓人感到興奮雀躍，卻也非常容易引發焦慮。因此，我們想要寫一本書，不僅是提供處理焦慮的方法，還能夠對於十八到二十五歲間的年輕人給一些專業建議，幫助他們在人生幾個重要的轉換階段與挑戰中，找到屬於自己的方向。

目前已經有非常多的媒體報導和最新證據顯示，這個世代的年輕人深受「孤獨」與「精神狀況不佳」所折磨。而於此同時，那些可以協助彼此連結，並支持他們度過困難的各種相關服務，卻也因為經費拮据的緣故而日漸減少。因為深知當前的狀況如此，所以我們也根據一些臨床實證，提出了專業人士會建議的焦慮因應方式，同時也搭配許多「真人真事」和案例為輔，而這些真實人物也曾經身處現在的你所處的狀況中。其中有些人以真名來訴說自己的故事，而有些人則是選擇以化名現身。

社交、友誼、上學、搬離熟悉的家、參加面試、職場的壓力，這些全都是長大成人後所要面對的重要任務，所以我們針對這些主題提供了一些非常具體的焦慮因應建議，包括復原的故事，以及一些來自年輕人、大學講師、科任導師以及人資經理所給予的專業小技巧。我們也談到了該如何因應不確定性、如何安定自己的心，同時照顧好自己，這些是所有希望得到改善的人都需要的技巧。我們（從個人的經歷以及所從事的工作中）親眼見識到，這些技巧能夠提供你在面對人生的各種壓力與限制時所需要的緩衝。

書中只有幾個章節直接談到了所謂的「問題性焦慮」，也就是是與恐慌症和強迫症（OCD；obsessive compulsive disorder）相關的焦慮，但我們也在本書的每一個大單元中都納入了大量、具有實證基礎且有效的因應方式，你可以嘗試各種不同的方法，看看哪一種比較適合你。

我們預期在你每次拿起這本書時，可能都會跳著看不同的單元，挑選那些跟本身狀況比較有關的內容來閱讀。而對我們來說最重要的是，讓你清楚自己並非獨自一人面對著壓力和焦慮，與焦慮奮戰是許多人日常生活的一部分。這是非常艱難也非常有挑戰性的一件事，但卻不是一件需要覺得丟臉的事。我們相信，如果你可以學會接納不確定性和焦慮，找出哪些事情可以幫助你感覺平靜且有所依靠，那麼你就成為真正的大人了！而我們也必須大方地承認，自己也還在學習中。

布麗迪、蘇、菲比

Part / 1

成為大人讓我們焦慮的是……

這個單元會介紹大人所需面臨的困境，
並提供一些看法和感想（包括幾個真實故事），
以及不同的應對方式、不同的互動方式，
能有助於你因應踏入成人階段時所遭遇的挑戰。
接著，我們會提出一些實用的方法，
幫助你在面對各式各樣的挑戰和選擇時，
學會適應無可避免的「未知」。

當個大人有什麼難的？

學習處理焦慮是種關鍵技能，是所有成功且健康的大人都必須學習。

你會有很多決定必須做。

我們很容易就會被困在一種焦慮的思考模式中。

最好的保護因子就是社會支持。

好吧。我們希望你挑選這本書是因為你想要學習如何處理「轉大人」所需面對的挑戰，以及總是會隨之而來的各種焦慮。我們在談論到剛進入成人階段，或是「準」成人時，通常我們指的是年齡在十八到二十五歲之間的人，雖然蘇和布麗迪到現在還是到處說服別人她們依舊屬於這個族群！

我們之所以想寫這本書是因為，視你生活的地區以及今年幾歲而定，你會有各種決定要做。這些決定可能是：要住在父母家還是搬出去自己住？要繼續升學還是去工作？當然，還有關於戀愛對象以及朋友圈的抉擇。你也會開始有新的責任要承擔，例如像是付帳單、採買食物，或者可能是要照顧家人。對許多人來說，來自這些事情的壓力很大，而且會引發極大的焦慮。

或許，你還沒有準備好要在此時此刻做決定，又或者光是要撐過每一天就已經筋疲力盡。因為生活所需而帶來的改變和驚慌，是最常見的焦慮誘發因子，也因此，不難理解，邁入成人階段的這個過渡期，會是一段不太好過的日子。那些過去總是信心滿滿，從來不知焦慮為何物的人，現在可能也會開始經歷到各種困難，因為長大成人所需要具備的種種，已經超越了他們所能應付的極限。相反地，你可能過去就曾經歷過焦慮發作，並且需要更多協助來思考，該如何因應接下來幾年可能會面臨的新挑戰。

你可以這樣使用這本書！

你可能會不時拿起這本書來跳著翻看，端看現在所處的人生階段位於什麼位置，以及是哪些事情引發焦慮或讓人壓力過大。以下我們先快速地介紹，幫助你更清楚本書的架構，找到你所需要的內容。

第一單元會介紹長大成人帶來的焦慮有哪些，以及該如何面對未知。首先，會針對成為大人所需面臨的困難提供了一些看法和感想（包括幾件真人實事），以及不同的應對方式、不同的互動方式，將會如何影響你因應進入成人階段所遭遇到的各種挑戰。接著，在「該如何面對不知如何是好的事情？」中，我們會來思考一些實用的方法，幫助你在面對各式各樣的挑戰和抉擇時，學會適應無可避免的「未知」。

進入第二單元之後，我們開始思考，如果你已深受焦慮之苦，有哪些事情會變得更加困難，比方說社交，又或者是儘管很有自信，但有哪些事情還是會讓你感到壓力沉重並且焦慮不已，比方像是工作面試，或是身處於進退維谷的職場狀況中。我們在撰寫本書的過程裡曾與許多年輕人交談，而這也更加肯定了我們一直在懷疑的一些事：在剛剛邁入成人階段時，最大的挑戰就是交朋友和進行社交。所以，我們在第二單元先聚焦在「該如何拓展社交圈，並和其他大人交朋友？」這個主題上。我們深入探索何謂社交不順（尷尬）及焦慮，並且詳盡說明了一些廣受好評的因應方法，而這些方法是擷取自接受了問卷調查，年紀在十八至二十五歲間的年輕人。

再接下來「要怎麼處理不斷萌芽的焦慮思緒？」同樣也聚焦在社交狀況上；然而，我們在這裡所使用的方式，可以幫助你因應任何狀況下所產生的焦慮。我們知道焦慮會大大地干擾學習的能力；在成人後繼續求學，與小時候在學校上課是截然不同的。因此，接下來我們會探討焦慮如何影響你的學習，同時也會提供許多實用的方法來幫助學習與修正，無論你攻讀的是技術學院、大學或是專業資格課程。

而在「我無法專注！焦慮時要怎麼用功唸書？」這個篇章裡，我們也採納了一位有多年輔導學生經驗的大學講師兼科任導師所提供的建議。進入大學通常也代表著年屆十八歲，我們就要從家裡搬出來，所以也會針對一般的生活轉變和階段性結束，以及該如何面對它們，給予快速的指引。這裡也特別聚焦在離家和搬家這個議題上：搬離熟悉的家中，會發生什麼事？

最容易令人焦慮的事情之一，就是去參加工作面試。因此，在「如何通過工作面試，並在職場上表現出色？」篇章裡，則是有許多小技巧能幫助你處理因面試而產生的焦慮，同時也有來自面試專家們所提供的建議。

此刻的你可能已經找到工作了，但這並不代表所有的壓力就此結束，所以我們準備了「大家都在職場中遇到哪些狀況？」，幫你整理出處理職場壓力和焦慮的有效辦法。

第三單元談的主要是一些相當實用的建議，與焦慮所引發的問題直接相關，以及需要擁有哪些技巧，來確保焦慮不會掌控你的人生，或是妨礙你去做需要做的事。

「恐慌發作是怎麼一回事？」以及「呃！我好像有一點強迫症？」則是針對特定類型的焦慮做初步的介紹。除了給你應對的方法之外，更聚焦在如何讓人更瞭解自己的狀況，並且讓你知道自己並不孤單。在提供知識並讓你安心之餘，我們也提供了其他更專門的協助和介入服務，以防萬一有這個需要。我們挑選了恐慌症患者的案例，因為這些飽受折磨的患者，通常會覺得他們受到的批評指責最多，也可能是大家對他們真正的狀況其實瞭解很有限。

「如何在充滿壓力的世界保持冷靜並維持健康？」包含了許多實用的資訊和建議，從晚上如何睡個好覺、如何改善當下的狀況、正向因應焦慮的宣言，以及思考酒精與毒品的角色。我們確信把自己照顧好，就是處理壓力與焦慮最重要的關鍵所在，而我們在成長的過程中，不一定能夠從學校或身旁的大人學習到保持冷靜與維持健康的技巧，所以這是所有人都應該閱讀的內容。

同樣地，「大家都在說的『正念』是什麼？」也對所有人都有幫助。有越來越多證據顯示：正念——處於當下的能力——能夠幫助人們保持冷靜和維持健康，尤其是當焦慮來襲，讓生活變得更加艱困時，更是一種不可不學的技巧。這個篇章中有許多方法教你如何將正念帶入日常生活中，並且知道它們可以如何幫助人們鎮定心神。而在「如果我還需要更多幫助，可以怎麼做？」中，我們考量到你可能會想要跟其他人聊聊焦慮的問題，因此提供了其他的輔導團體和諮詢單位。

長大成人有哪些挑戰？

當年在撰寫一本給青少年的焦慮相關書籍《我的焦慮手冊：如何回歸正軌》（*My Anxiety Handbook: Getting Back on Track*）時，我們發現，對正從青少年期邁入大人階段的族群來說，日子特別難熬。長大成人後，你不再需要擔心門禁時間或功課，但很可能必須面對新的責任和狀況，而別人對你的期待也會增加（你可能也會對自己有更高的期待），這些你都必須自己一個人面對。近期由撒馬利亞慈善諮詢中心（Samaritans[1]）所發放的一份問卷發現，十六到二十四歲這個族群中，有四〇%的人有時會對自己所面臨的難題，感到不知所措，但有超過一半的人都覺得，要跟別人聊自己的感受是件更丟臉的事，所以有非常多人都傾向於假裝自己面對問題時因應得很好，如此一來才不會被別人覺得自己「很奇怪」。

另一份由英國廣播公司[2]所進行，主題為「寂寞」的大規模問卷調查也顯示，十六到二十四歲這個族群比其他任何年齡層的人更常感到寂寞，而且強度也更高。我們都知道，英國現在的年輕人世代（千禧世代，一般指一九八〇年代和一九九〇年代出生的人），將會是第一個在財務狀況上比自己父母還要糟糕的世代。媒體也不斷地強調這會造成多大的壓力：年輕人要支付高額的學費和房租，畢業後連房子都買不起。而在社群媒體上不斷地與朋友和名人相互比較所產生的壓力，更是雪上加霜。這有一部份要歸咎於很多人都以為，有一天你會突然覺醒，因為你發現自己已經來到了某個人生的里程碑，已經成為了大人。從法律的角度來看，當十六歲、十八歲或二十一歲的生日到來，你就自動變成大人了，但事實上，每個人都必須花很長的時間才能成為大人，同時也要付出許多努力，而不是年紀一到自然就會長大這麼簡單。

這本書將幫助你度過長大成人的轉換期，同時學習如何處理隨之而來的各種焦慮。學習如何處理焦慮，是所有大人都必學習的關鍵技巧，如此才能成功，也才能感覺自在。對許多人來說，焦慮很可能是某個人生階段中的問題，有大約五分之一的成人，都曾在人生的某個階段中，因為焦慮而引發重大的問題。

1：撒馬利亞慈善諮詢中心 2015 年的「跟我們聊聊問卷調查」（Samaritans (2015) Talk to Us Survey）：www.samaritans.org/news/feelingfresher-out-water-you-are-not-alone-say-samaritans

2：英國廣播公司 2018 年進行的「都是大腦惹的禍」寂寞實驗（BBC (2018) "All in the Mind" Loneliness Experiment）：www.bbc.co.uk/programmes/articles/2yzhfv4DvqVp5nZyxBD8G23/who-feels-lonely-the-results-ofthe-world-s-largest-loneliness-study 更多相關討論請見：https://thepsychologist.bps.org.uk/all-mind-shines-light-loneliness

長大就能搞定一切嗎？

在還是兒童和青少年時，我們經常會渴望有一天，能夠不再被身旁大人的期許所束縛，無論這些大人是父母、照顧者或老師。長大成人聽起來非常美好，因為我們可以「為所欲為」。但你喜歡的是什麼？你希望在人生中做些什麼？當你的生活在一夕之間突然變得不同，你要如何維繫友情？當你下了班或下了課之後，你會和誰一起消磨時光？當你不再與父母和兄弟姊妹住在一起之後，他們在你的生活中又扮演什麼樣的角色？就算你們仍然住在一起，他們的角色又會有什麼樣的變化？

這些重大的問題，再加上為了賺錢、追求事業目標、必須一個人打理自己的生活，以及必須對家庭貢獻更多，這些充滿了競爭性的需求會讓人難以招架。光是擁有太多選擇就會導致焦慮的產生，更別提還要從中做出決定！身為一個大人，通常會少了許多規定及管教你的人來幫助你確保事情不會出錯；隨著「靠自己搞定一切」的期望加深，你可能會開始依賴實際上「不太有幫助」的方法來面對焦慮，比方像是忽略它、喝酒麻醉自己，或是避開那些會讓你感到焦慮的事情。

分離與失去是人生必經之路

這個課題看起來似乎很讓人沮喪；不過，伴隨著成人所帶來的興奮挑戰，我們同時也必須面對分離和失去。這個長大成人的過程裡包含了與家人分離，並且找到自己在這個世界安身立命的地方，而且也會把更多精神投注在與他人之間的友誼上，同時在這個更大的群體中發展待人處事的能力。

在事情變得棘手且明顯感覺到焦慮出現時，童年時期所經驗過的分離與失去，對於我們如何因應、採用何種方式來因應，有著很大的影響。在這個時間點，可能會覺得自己早已離家獨立，所以你的焦慮與和父母親及家人分離並沒有太大的關聯性，又或者剛好相反，或許你對這個想法猛搖頭，因為覺得自己永遠都不可能與父母或照護者分開。

當和家人分開的時候，你可能會感覺自己已經不屬於那個從小長大的家，又或許你是在照護機構長大的，那麼就可能會發現自己很難脫離照護者及照護機構。你可能覺得事情不會有太大的改變，因為會繼續像過去一樣靠自己活下去。又或者即便在成人之後，你還是會繼續與家人一起生活。

你可能覺得自己不需要其他人，一個人就可以應付一切，而且在面對充滿艱困與壓力的狀況時，只要「繼續往前走」就沒事了，所以你把所有難以消化的感受全推到一邊去，當作它們不存在。我們會將這種關係型態稱為「逃避型」。這並不代表你避免與他人有關係或是獨來獨往；很有可能你是個外向、有很多朋友的人，但不會跟他人分享你的感覺，也不會在艱難的時候讓他們對你伸出援手。

相反地，你會忽略那些難以承受的感覺，跑去做其他事情，像是讓自己全心投入某個計畫或活動中。對別人來說，你看起來可能一直都過得非常好，而且不受任何困難所影響，但事實上，你的內心卻是掙扎著不知該如何與他人連結，讓他們知道你真正的想法和感覺。

你可能不相信其他人會「懂」，或者他們能在你感到焦慮、不確定或難過時給予幫助。身為一個大人，如果是用這種方式來建立關係，表面上看起來你似乎過得很好，也因應得很好，一旦無法再繼續只靠自己，而是需要他人的支援時，你就會求助無門。

你很可能過去從來都不需要他人的支援，所以不知道該如何開口，或是覺得這麼做讓你很不舒服。忽略或壓抑焦慮感和壓力，對你來說已是家常便飯，但在一段時間之後，這些感覺就會以你無法預料的方式爆發出來；比方說，為了小事對他人大發脾氣，或是看電視廣告看到一半突然大哭起來。我們稱這樣的狀況為「壓抑、壓抑、爆發！」

這些突如其來的情緒爆發可能會讓你很驚訝，同時再次要求自己應該要把情緒藏起來，因為它們實在太嚇人了，既難以預料也讓人無法接受。這也表示，你覺得自己有義務要創造一個「假自己」來面對這個世界，沒有人知道真正的你是什麼樣子。你可會覺得這麼做沒有什麼關係，因為這麼做感覺很安全，而且能夠保護自己不會因為情緒而受到他人的批評，然而，這麼做是件非常孤單的事。

學會如何向他人求援，並建立起一種可以與之分享任何事情的信任關係，就算是「不好的事情」也可以；要想好好處理人生中所遭遇到的焦慮和困難，這很可能就是關鍵所在。蘇很清楚有時候當她感覺到壓力非常大或是很焦慮的時候，自己會有一點逃避的傾向。她會試著自己去處理，然後讓自己度過這個狀態，但有時候它們實在太過沉重——通常只要她變得很暴躁，就知道發生什麼事了！隨著時間過去，蘇學會了在這種時刻，最好的辦法就是讓親近的人知道，她正處於不安定的狀態中，這樣一來，他們就可以在有需要的時候陪在她身旁。

許多人在成人之後，依然與父母維持著既親近又緊密的關係，他們每天和父母聊天或見面，並依賴他們所給予的安慰和肯定。這種親密感很有幫助，所以我們也經常鼓勵大家，當苦於焦慮時，要尋求他人的支持和連結。然而，身為成人，你很可能會碰到某些需要靠自己來處理焦慮和人際關係的狀況。如果尚未建立起自己應對情緒的方式，依然想要在碰到困難時依賴父母來解決問題，那麼對你來說，這個新的「成人」狀況可能會非常難熬，也相當難以克服。我們有時候會稱此為「焦慮型」的關係型態。

這一型的人通常只會在和另一個他們信任的人一起的時候，才會感覺沒事，也才能夠面對眼前的狀況，而這個人通常是在他們不安時幫助他們面對，並冷靜下來的那個人。培養對自己的信心，相信自己有能力處理自己的感覺和長大成人的挑戰，這麼做同時也能夠幫助自己變得更有自信，也更有能力靠自己因應各種狀況，有需要時就向外求援，但不要過度依賴身邊的人。

菲比的經驗談

儘管十八歲的我已經是法律上貨真價實的「成年人」了，但在我開始進行第三次的A級考試時才發現，我還是非常依賴我的好朋友和家人。為了要度過日常生活中的各種小波折，我一直仰賴其他人讓我安心。由於曾被精神狀況困擾好幾年，所以我不相信自己有能力可以「因應」，所以我盡力逃避，讓自己無需為自己的情緒負責。

而一旦我勇敢承擔這些困擾，把那些對我來說形同「精神安定劑」的助力移除之後，我發現，儘管不容易，但我已經可以靠自己度過種種難關。

家人離去的影響有多大?

有時候，當我們在長大成人的階段中需要支持和指引時，會發覺那位已經離開的父母或祖父母對我們來說非常重要，又或者，如果在長大的過程中從來不曾與身旁的大人建立起信任的關係，這時也可能會感覺到相同的失落。在某些重要時刻像是訂婚、結婚或畢業，這種悲傷可能與當年剛失去親人時的痛苦相當。很可能當時的你還是個小孩或青少年，沒有好好地為這位離去的親人哀悼一場，而在日後的某些重要時刻裡，卻被這種哀傷的感覺給淹沒了，而你以為這種感覺早已被自己妥當收拾。

在充滿壓力與困難的環境中成長的年輕人，如果他們的情緒以及物質需求沒有在這個環境中獲得周遭大人持續的滿足，通常會變得堅強獨立甚至強悍，但也可能會在成年之後，才開始為自己缺乏父母關愛而感到哀傷，並發現自己過去的因應方式在他們成年之後其實並不是很有效。

現在你長大成人了，所以與有虐待傾向的父母斷絕了關係，或是其他無法以你能夠接受的方式與你溝通或互動的親人。又或許是，那個孩提時代你所習慣的支援體系，雖然不完美，但現在可以說幾乎是消失了。尋找具有同理心的方法來處理焦慮，同時搭配不同的方法來尋求其他大人的支援與連結，通常對於要成為一個既有自信又有安全感的成年人來說，這就是關鍵。這也是本書中提供各種協助的最終目標。

面對急性與慢性壓力的威脅

分離、失去和階段轉換，這些都是啟動「威脅系統」的因子。因為有這些因子以及其他本書將談論到的挑戰，導致長大成人的過渡期會是段艱辛的時光。所以，當我們承受許多壓力時，大腦和身體究竟會發生什麼事？我們那些焦慮的想法、感覺和行為，又會如何交互彼此影響呢？

在後續篇幅中，我們會談到更多關於「恐慌」的狀況，也因此，屆時才會深入討論身體的威脅反應該如何解釋，不過我們也認為，在本書一開始就先介紹壓力和焦慮會對你的想法和感覺造成什麼影響，會很有幫助。當我們察覺到任何一種威脅（無論是身體或情緒上的），大腦為了保護我們的安全會立刻做出反應。我們稱此為「求生直覺」。

想像一下，黑夜中你行走在空無一人的停車場裡，你聽到身後有腳步聲傳來，突然有人伸手抓住了你的肩膀。這時會有什麼感覺？很可能心跳會加快，身體變得緊繃，呼吸急促，而腎上腺素在全身上下流竄。在這種時候，會自然而然做出什麼反應，或是想要做出什麼反應呢？你可能會想要立即轉身朝對方的臉上揮拳、在原地僵住無法動彈，或是盡一切可能逃走。在這個當下，你在想些什麼？可以想的東西大概很少，又或者根本完全無法思考。

你可能曾經聽過會有的「反擊、逃跑、僵住不動」反應，這是我們演化出來回應危險的一種聰明方式。掌管威脅的腦是大腦中最古老的部分，就位在顱骨的底部，它會利用壓力荷爾蒙讓我們做出反擊、逃跑、僵住不動的反應。當負責威脅的大腦被啟動時，它會繞過或是關閉大腦中開發最多也最社會化的部分：位在我們額頭後方的前額葉。前額葉主管同理心、解決問題和語言，所以當身處有威脅的狀況時，直接停用它是很合理的作法。

如果你正被一隻劍齒虎追趕，這時還去分析採取各種行動的優缺點，不會對你有任何幫助——在轉身回頭查看老虎是不是肚子餓了的瞬間，你應該就已經沒命了。這三個簡單選擇就是為了要讓你擺脫你的掠食者，能跑多快跑多快（反擊），或是裝死（僵住不動）。所以，這就是為什麼當你覺得焦慮時，通常會沒有辦法清楚地思考、專注或專心，也無法看清整個狀況。你可能會遭遇急性發作的焦慮，與反擊、逃跑、僵住不動等回應奮戰。當我們承受著慢性壓力（通常是經過了一段很長的時間），就可能會飽受急性焦慮（突然發作的焦慮，持續時間很短，像是恐慌）的發作所苦，又或者我們可能會覺得十分疲憊，所以把「開關」關掉，避免自己時時刻刻警戒並擔心著會有危險發生。

突然發作的焦慮只會持續一段很短的時間。我們之所以很容易被困在焦慮的思考模式中，是因為我們的大腦會在焦慮和備感壓力的時候，在身上動手腳。大腦需要在有危險的時候想出各種可能威脅的因應之道（過度警覺）。這麼做能夠讓我們安全，但是當這種狀況發生時，通常我們會覺得自己處在緊繃狀態中，無法放鬆好好享受身邊的事物，而且猶如驚弓之鳥，覺得處處都有危險，再小的事也會讓我們擔心不已。

負責威脅的大腦處於長期啟動（慢性壓力）的狀況時，並不會讓你跟恐慌發作時一樣，覺得自己當下就會死掉或昏倒，但這可能會讓長期處在過度警戒並時時憂慮中的你感到疲憊不堪。這會讓你不再去做之前很享受的事，這真的很悲慘，而且長期下來會對健康和幸福帶來不良的後果。

焦慮所帶來的麻煩是，你的擔心是其來有自的真實事物；舉例來說：「我擔心考試成績。」這份憂慮會觸發大腦和身體的威脅反應（大腦會釋放可體松，讓你的肌肉緊繃，甚至可能引起胃痛或讓你呼吸急促），而這對於處理眼前的威脅其實無濟無事。接著，這種糟糕的身體感受和緊繃的情緒又會被大腦解讀為哪裡有問題（我們稱之為「感覺糟，想法也會跟著變糟」），大腦會以為你的狀況不好或是不安全，所以你會感覺更糟糕。

這會導致你想避開任何會讓自己感到不安全的狀況，或者會覺得自己完全無法應付這些感受。麻煩的是，如果選擇逃避，就等於選擇了相信自己很焦慮，因此你不會去檢驗這些想法真確與否。所以，如果逃避一切，那麼，這會讓你更加肯定「我無法應付這樣的情況」，或是「這件事一定會很危險、會是場大災難」。

換句話說，你所發展出來處理這些焦慮感受的方法，現在變得毫無幫助，而且會影響生活。有時候我們需要一段什麼都不做的時間，讓自己能夠好好關照自己的感受，並紓緩大腦的威脅系統；要注意自己沒有陷入逃避的循環之中，也沒有過度依賴酒精、藥物及其他沉迷的習慣，來讓自己感到安全並有能力去面對日常生活中的各種狀況。

菲比的經驗談

我曾拒絕搭乘公共運輸系統有超過一年的時間，因為搭車會讓我感到焦慮。我每天在早得離譜的時間起床，只是為了配合我爸的上班時間，搭他的車送我去大學上課。

我沒有辦法自己一個人去任何地方。我抗拒公共運輸系統的時間越久，這個問題就越加嚴重，最後演變成我擔心的不再是搭公車會讓我焦慮，而是我害怕搭公車。

你可以想像，這種狀況實在非常不方便，尤其對我父親來說更是如此，因為現在他可以說是變成我的專用司機了。如果當初不因為搭公車會讓我焦慮而直接拒搭，而是好好去處理這份焦慮感，我就不會在一年後想要臭罵自己一頓了，因為我終於強迫自己搭上公車，而且並沒有在車上被灰熊吃掉，或是被看起來惡狠狠的陌生人盯著瞧。

如何面對轉大人後的焦慮?

在剛邁入成人階段時，會有一段改變與轉化的時期，此時不但需要獨立，同時也需要在這個充滿壓力的世界裡，開展新的人際關係與連結，再加上大腦直到此刻依然認為需要保護你不受掠食者的傷害，而不是當你在社交上受挫，而覺得自己很「失敗」時，給予你安全感。這會引發一些非常難處理的想法和感覺，以及我們所謂的「有問題的焦慮」。

在這裡，我們會談到一些年輕人會面對到的重大轉變，引用一些有過同樣經歷的真實案例，提供大家在這些狀況中可以用哪些方法來處理焦慮。這些案例比較像是給你的「指引」或是開導，然而，我們也鼓勵你向身邊的人求援，跟他們分享你的恐懼和憂慮，好讓他們也能提供你支持和建議。對那些面對壓力和逆境的年輕人來說，最好的保護因子就是社會支持，而社會支持的來源很多，但焦慮有時候會讓我們覺得自己孤單無依、不夠好，或是無力面對，也因此阻擋了我們在最需要的時候向外尋求支援。

我們也會幫助你找到適合目前狀況的因應方法和信念，好讓你能夠退一步，仔細釐清這些因應方式是否對你有幫助並發揮作用。我們會提供你各種不同的因應方法，可以從中找出你覺得最適合自己的那一種。一般來說，要好好照顧自己——吃好、睡飽，並規律運動——聽到這裡你可能會翻白眼，想說這是什麼老生常談的建議，但通常這就是我們在痛苦掙扎時會忘記，或失去動力去做的事情。這些事情很「老生常談」，因為它們真的能夠幫助你感覺更堅強，也更有面對事情的能力。

我們會提供你一些有實證的建議，好讓你能夠開始發展屬於自己的因應方式，並在面對新狀況時更有自信。這些新狀況包括了從家裡搬出來、找到工作，又或者是以成人身分進修學習。我們不斷強調要讓身邊重要的人一同參與，並跟他人談論你的焦慮為何，但我們希望這些想法和策略代表了你可以用正面和獨立的心態來面對長大成人這件事。我們也提供了如何克服社交焦慮的方法，也討論到這些焦慮的思緒會對發展新友誼和人際關係造成阻礙，那些之前曾經「孤身走過」的人可以參考。

艾咪的經驗談

人生中有很長一段時間完全沒有意識到「心理健康」這個概念。

我大概可以理解到某個程度，但是我不明白為什麼有些人在緊張和壓力很大的時候，可以這麼有技巧地化解。事後回想起來，只能說：無知是福！

我成長在一個家庭成員都很有成就的環境裡，大家在學業和創造力各方面都表現優異。我童年時的夢想是要成為演員，而這個夢想在我十八歲時眼看就要成真，因為一間頂尖的戲劇學校邀請我加入為期一年的基礎課程。絕大多數的戲劇學校是擠破頭也進不去的（有些學校的錄取率只有一%），而且通常需要花好幾年的時間參加嚴格的試鏡才有可能被錄取。

能上完三年完整課程的機會終於到手了。看起來我過去不停反覆練習的人生終於有了回報，但是在第二學期時，我的世界有生以來首次遭逢巨變。在很短的時間內，我非常珍惜的初戀在欺騙與心碎中黯然結束；我的一位好友在一場悲慘的意外中喪生；我和最親近的友人友情破裂，這輩子沒有修復的可能。

我大受打擊，但儘管創傷不斷累積，當時的我並沒有出現任何不適的狀況。我在戲劇學校的表現大放異彩，而雖然我有一些能夠宣洩情感的管道，但是我也只稍稍釋放了情緒風暴的表面而已。

很不幸地，儘管其他頂尖的學校也在二次試鏡時對我表達高度的認可，但我還是收拾了行李回家去，考慮先休息一年。家感覺起來就像是被過去的陰影重重包圍了似的，而我怎麼樣也找不到自我的認同感。我變得憤世嫉俗，放縱自己夜夜沉溺在酒精之中，很少與其他人來往。

然後，想像不到的事情發生了。我收到了全英國最知名的戲劇學院遲來的入學通知。那是一個只錄取極少數人的課程，但我不確定自己的狀況能夠應付，不過最後，我實在找不到任何理由拒絕這個機會。當時我以為這麼做可以拯救自己。但最後我差點因此而崩潰。

課程剛開始才沒幾天，我之前所顯露的種種前兆就整個爆發出來。我深陷於焦慮之中，什麼都做不了，而它外顯的症狀就是持續失眠。我整晚睜著眼睛無法入睡，心臟狂跳，大腦不停轉動，而隔天一整天則是焦躁不安地擔心晚上又會睡不著。這門課程的教學方法既沒有幫助也沒有完全邏輯可循；老實說整堂課的教導過程非常蠻橫，而且學生說的所有話都會受到檢視。我們在課堂中遭受了人格的抹殺以及心理的折磨，程度嚴重到我已經完全無法相信自己的直覺和理性了。

當自我價值感消磨殆盡，一點也不令人意外，我深陷在憂鬱的泥淖之中。但是，我什麼也沒說。在情感面上，我把一切投入在這個難能可貴的機會上，以至於完全沒有察覺到它對我的心理健康所造成的摧殘。我選擇了酒精作為我的解藥，好讓自己不會在人前露出「情緒低落」的樣子，但實際上為了要讓自己麻木不仁，我已經到了無可自拔的地步了。

我在二十歲生日時真正跌落谷底。醫生幫我開了舍曲林（sertraline；抗憂鬱藥物），很多人不知道的是，這種藥會引發幻覺和嚴重的身體不適。我的父母連夜開車把我接回家，從此展開漫長的復原之路。

心理諮商幫助我挖掘出用來武裝自己、一層層曲折的心理狀態（像是決心、恐懼、忽視），給了我勇氣離開學校。然而，儘管諮商談話對我多有助益，但我仍然不知道該如何控制我的心魔；其實它們還是掌控著我。

我就是在這時去找了心理學家。我們都認為，讓我害怕的是心理狀態的反覆，甚至更勝過原本的問題根源，因此我們所採取的療程非常實際，直接把重點放在焦慮與憂鬱的心理學理論上。我學到的是，心理疾病之所以會發作，根源都是為了要保護我們。它們是我們與生俱來的內建功能，是我們的火災警報器，一旦偵測到有「危險」，它們就會產生非常真切的反應，刺激我們重新評估眼前的狀況。

更重要的是我學到，心理疾病會騙人。就像烤焦吐司時煙霧偵測器會被啟動一樣，有時候危險狀況並沒有那麼緊急，但是如果你不明白兩者之間的差異，就會不斷地掉入這個陷阱。焦慮和憂鬱會對平衡力與洞察力造成傷害，但是要克服焦慮和憂鬱，就必須要依靠平衡力和洞察力。

我從一年前開始逐漸恢復，而在經過治療之後，我覺得自己重獲自由。對我來說，知識給了我樂觀前進的自由。痊癒的過程並非一路平順，中間還是會出現許多挑戰，但我很確定這一切都會過去。我對表演的熱情依然不變，而現在的我再也不像過去那般脆弱。我再次朝自己心之所向的目標邁進。

對於這一段歷程我並不完全抱持著感恩的心，但是我很感激它所帶來的自我覺醒及自我瞭解。多虧了所得到的幫助，我的生活不再由痛苦來決定，但是不承認它們的存在，就等於否定了我克服它們的那份能耐，而這份能耐正是我對自己最自豪的部分。

不知如何是好的事情？該如何面對

一想到「未知」就覺得很可怕。

儘管大腦會去尋找確定性和可預期性，但如果你能夠學會習慣「未知」，焦慮感就會減少很多。

如果你能學會就算事情出了錯，也還是可以安然度過，那麼你的「耐受度」就會變得更高。

不要執著做那些「覺得安全」的事情，相反地，要「允許」焦慮感在生活中來來去去。

大人需要面對最困難的事，就是「未知」。

未來將會發生什麼事？他們將會被迫做出哪些重大的決定？這些事情完全不在他們能夠控制的範圍之內。人類喜歡確定的事；確定性能夠讓我們覺得既安全又有保障，同時也能夠幫助我們為可能發生的事做好準備。當生活中擁有某種程度的確定性和安全感時，會覺得自己有足夠的能力承擔風險並面對挑戰。

在我們還是小孩子的時候，會有其他人幫我們擬定計畫、規劃日常生活，同時讓我們感覺生活很穩定且可預期。有時候這也會讓我們很受不了（蘇就曾經因為在不同的狀況下對她的父母大吼：「不要再試圖掌控我的生活了！」），但是隨著我們逐漸長大，突然之間就得自己做決定了，而且還是些很重大的決定。

如果我們夠幸運，會有人（我們信任的大人）在身邊協助我們做這些決定，但有些人可能沒有可以談論這些事情的對象，而突然間，他們發現自己擁有了極大的決定權，這可能會令人感到害怕且不知所措。我們也不禁要懷疑，從四面八方不斷湧入的各種新聞，會對我們帶來什麼樣的衝擊。

不斷聽到各種災難、犯罪和貪汙腐敗的新聞，會讓我們覺得非常糟糕，也會認為未知的事情隨時可能發生在自己身上，無論生活周遭發生這些事情的機率有多低，發生在世界各地的政治變化，從報章媒體接收到的新聞，同樣也會讓我們覺得沒有任何人可以依靠，而未來突然間變得難以確定。在這樣的背景下，我們會覺得自己無論如何都得在生活中，創造出得以掌握的確定性。

在規劃未來時，我們也試著要達到他人對自己的期許，以及達成目標的時間點為何。我們也有對自己的期許（自己對未來的願望和夢想），但同時也會感受到身負他人期待的重量，這個他人可能是家人、朋友，或是整個社會。當我們拿自己跟他人比較時，總是會覺得喘不過氣來。

有時候，你可能會覺得別人都很清楚自己該做什麼，而且過著美好的人生。社群媒體要負很大的責任，因為很多人經常會形塑出快樂的生活情況，或是展現他們生活中最陽光的「精采畫面」，而這些通常不是人生的真實樣貌。

我們都看過這些畫面——有人貼了完美的度假照片，他們躺在海灘的躺椅上，身旁的女友手上端著一杯看起來要價不菲的雞尾酒。但是當我們在路上巧遇時，發現他正在對女友不耐煩地大小聲，臉色看起來既疲憊又蒼白，而且剛從附近的折扣商店裡買完東西走出來。事情跟你看到的不一定一致。

所以，拿自己跟別人比較完全沒有意義。我們不知道其他人的生活有些什麼狀況，或許在光鮮亮麗的ＩＧ畫面背後，有著不為人知的一面。

這個篇章會談到的是與未來相關的焦慮和不確定性、容忍不確定性的各種方法，以及如何支援「明智」的決策過程。

選擇正確的路為什麼這麼難？

人們之所以難以做出決定，其實背後有許多原因，尤其是重大的決定。有時候是因為他們過去很少自己做決定，大都是仰賴其他人；也可能是因為之前曾做過決定，後來卻發現這個決定很糟糕，因此不相信自己有能力對未來做出好的決定意即，他們選擇停留在負面關係之中，但現在開始後悔自己沒有早點脫離。事實上，所有人都會在人生的不同階段中做出各式各樣的決定，有些決定可能很正確，有些則不，但我們永遠都不可能預先知道究竟結果會如何。

大家可能都很害怕失敗——不過，你應該繼續把這個篇章讀完，這樣就會知道為什麼學習如何失敗其實是件好事！不確定和不知道的事總是讓人感到恐懼不已。有很多人之所以難以做決定，其中一個原因是，當我們做出某個選擇時，感覺起來其他選項好像突然之間就消失不見、不復存在了，而我們也無法再回頭，這就是所謂的「存在性恐懼」。

學習容忍不確定性

未知這個概念會讓人很害怕。當我們覺得前途未卜時，可能會開始感到徬徨不安。為了因應這些感受，通常會採取不同的策略或是「安全行為」，試圖盡可能降低不確定性。這可能包含了以下幾種行為：

1. 努力自己一個人獨力完成所有事情（而不是讓別人幫忙你處理其中一些）。舉例來說，蘇總是很難把工作分派給其他同事處理，因為焦慮讓她想要一手掌控所有事情。然而，在主管的支持之下，她現在已經越來越能夠放手了。
2. 不斷從其他人身上尋求肯定——不斷地向他人確認事情的狀況如何，就算沒有發生任何問題，他們也不會「相信事情會一帆風順」（或相信事情會如計畫般順利完成）。
3. 花費超乎想像多的時間在規劃或安排，以及準備——列出好幾份清單、計畫書、圖表，鉅細靡遺地管理所有事情，試著盡一切可能讓事情按照計畫走。舉例來說，布麗迪承認自己有兩本不同的清單，同時還有一本工作日誌和家庭日記。

4. 避免任何可能會出現不確定性的狀況──包括從沒碰過的新狀況、由其他人主導的狀況，或是之前很熟悉或曾經經歷過，但現在毫無預警突然發生的狀況。總而言之，這種逃避的行為會讓人過著一成不變的生活。
5. 拒絕做決定，甚至是讓別人為你做決定。
6. 忽略自己需要做決定這件事，不斷地忙著去做其他事情。
7. 一而再、再而三地確認所有事。舉例來說，菲比在讓家教看她的自我介紹之前，檢查了無數次。

你是否發現自己也有上述行為？

儘管這些行為模式在短期內可能會讓你覺得有幫助，但卻可能會妨礙你安心為未來做決定（以及相信自己有能力做決定，同時感覺良好），而且也會影響你對風險的評估是否周全，並持續向前邁進。有時候可能會認為，正因為我們做了上述那些事情，才能夠在讓人擔憂或焦慮的狀況中保持安全並全身而退（這也是為什麼我們將之稱為「安全行為」）。

但事實上，這些行為只是阻止我們去「檢驗」，看看我們是否能夠承擔做決定所帶來的不確定性，也讓我們避免去面對事情的真相──我們永遠沒辦法知道接下來會發生什麼，而且我們無法掌控所有事情。

雖然似乎很不確定，但不會有事的

雖然大腦會尋找確定性和可預期性，但如果你學會去習慣「不知道」，就不會覺得那麼焦慮，也更能夠掌握這種偶爾會出現、可以理解的焦慮感。我們都知道沒有任何事情可以百分之百確定，就算再怎麼確定，事情總是會有百分之零點零一的可能會「出錯」。問問你自己，「無時不刻」試圖去確認事情不會出錯的優點和缺點各有哪些，這是個非常值得去做的功課。

試著確定一切都沒問題

好處：如果能夠確定一切都沒問題，你就會有安全感。

壞處：永遠無法百分之百確定所有事情都不會出問題。這需要花費非常多時間和精力，而且很容易就會引發焦慮。而且也會妨礙你向前邁進及好好做事，同時也會導致對事情採取逃避的作法。

允許不確定性的存在

好處：如果我能做到這一點，那就幾乎沒有不能應付的事了。
壞處：要做到這一點非常困難，而且一開始會讓人非常害怕。

學習讓自己在不過於擔心結果對錯的心態下做決定，並容忍不知道或不在計畫裡的狀況發生，這麼一來，才能讓自己更有隨機應變的能力，這是很重要的技巧（而且也會帶來更多生活樂趣）。時常回想成功處理不確定性的那幾次經驗，也會很有幫助；你是如何處理的？做了哪些事？又或者曾見過其他人面對不確定性時，又是怎麼做的呢？如果你認識的人看起來很會處理不確定性，也很懂得如何做決定，或許你可以請教他們如何處理以及做了哪些事。通常最能夠幫助我們處理焦慮思緒的人，是我們熟識且信任的人，只要開口問就好了。

學習擁抱不確定

要學習擁抱不確定，有四個重點：

好好認識你自己

及時發現自己是否習慣處在確定的氣氛中，以及這個狀況如何影響到你的生活。你有哪些讓自己感到安全的行為？當你覺得事情無法掌握或是必須做決定之際，有哪些行為模式是自己習慣會去做的？當感到事情無法掌握之際，身體會有什麼感覺？這個時候都是怎麼想的？藉由認識並瞭解自己，就能夠慢慢開始掌控自己的想法和行為。

對自己的躁動不安先不要有任何反應

注意自己是否有任何衝動想要去做屬於你的安全行為，並允許這股衝動湧現，然後消退。我們稱此為「駕馭衝動」。面對不確定的狀況，不要去「做」任何事來消除它。

學習用不同方式來看待不確定性

如果對「不確定」懷抱著一些無益的想法（像是：「要是沒有事先計畫好／要是不知道接下來會發生什麼事／要是我不能掌控所有事，我就會變得焦慮混亂」），那麼你可以找一些不那麼極端，告訴自己要逆轉原本的那些念頭。你可以集中精神在一些簡單的字眼或文句上，比方像是「放手（確定性）」或是「接受（不確定性）」。你也可以創作自己的說法或箴言，或從以下的句子裡挑一句：

「我現在覺得很擔心、很焦慮，但是一切都會沒事的。」

「這一切都會過去──我可以和這些感覺和平共處一陣子，到最後它們都會消失的。」

「我現在不需要做任何事，只要靜靜等待這些感覺消退就好。」

「什麼都不知道很難熬，但是我可以撐過去的。」

活在當下

試著讓自己盡可能活在當下，不要陷入對未來的焦慮思緒中。其中一個作法是運用正念技巧，比方像是正念呼吸，或是將注意力轉移到周遭的環境上。每當你發現自己又陷入焦慮思緒時（這在一開始可能很常會發生！），只要慢慢將注意力再拉回當下以及正在做的任何一種正念行為就好。

試試看效果如何

測試這些技巧最好的方式就是讓自己進入一個與平日不同、無法預測或是不確定的狀況中，或是試著在你不確定結果會如何的情況下做決定。這包括了在日常生活中加入臨時起意的活動、跟剛認識的人說話、改變生活作息、請朋友（在你不知詳情的狀況下）為兩人安排一天的行程、展開過去沒有做過的新活動，或是組成一個不曾嘗試過的朋友圈，又或者是決定晚上要和家人一起看哪部電影。視自己所需，這些事情無論是微不足道或舉足輕重都沒有關係。

這麼做可以測試出你在面對不確定情況時的焦慮感有多重。可以問自己這些問題：

1. 我害怕的究竟是什麼？最糟糕的結果會是如何？
2. 有多少可能性最後會出現這樣的結果？（完全不會發生是〇，絕對會發生是一〇〇）。
3. 我在測試這些不確定狀況的時候，實際上又是如何呢？
4. 我是不是又忍不住採取了自己認為安全的行為呢？

5. 無論最後的結果如何，我是否有成功地面對呢？

做出平衡又「明智」的決定

在辯證行為治療（DBT；dialectical behavioural therapy）中，我們會談論到心智的三種思維狀態：情緒思維、理智思維，以及明智思維。

當處於「情緒思維」時，指的就是你完全被情緒掌控了，而你沒有辦法抑制它。所以，如果「陷入」了情緒思維中，會感到悲傷，接著很快地，就會開始在大街上啜泣並嚎啕大哭起來。也可能會覺得憤怒，而且瞬間產生想要揍人的衝動。還可能會感到憂慮，開始反覆不斷地想著：「萬一這樣怎麼辦、萬一那樣怎麼辦」。如果你聽從情緒思維並對它作出回應，很可能會選擇縮在牆角，再也不踏出家門一步。生活在全然由情緒思維操縱的狀態中並不是件好事，因為你會處在極端的喜怒哀樂之中，而且應該會隨時感到自己就要失控了。

「理性思維」比較像是機器人或電腦。它眼中只看得見各種狀況的事實、數據和邏輯，並據此做出決定，也就是完全以事實觀點來計算可能性和風險，絲毫不納入任何情緒。所以，如果完全聽從你的理智思維，生活很可能會變得非常乏味無趣，因為它不會考慮你對某種狀況的感受是如何。

「明智思維」就不太一樣了。它存在於情緒思維與理智思維之間，參考兩方的意見，然後根據它所接受到的資訊（包括了事實以及個人感受）做出決定。舉例來說，你想要決定究竟是要找一個離家近，可以生活在朋友與家人周遭的工作，還是找一個距離遠，但可以讓自己更容易在事業上有所發展的工作。

這時情緒思維可能會這麼說——你需要待在離家近的地方。離開熟悉的環境和自己在乎的人，是件很可怕的事。如果搬離，可能會很寂寞……萬一到時候沒辦法應付卻又不能經常回家，那該怎麼辦才好？

理智思維可能會跟你說——無論如何都應該要挑選最好的工作機會，這樣未來才能擁有成功的事業。邏輯上來說，在大城市比較有可能找到好工作，雖然這麼做會讓自己離家人和朋友很遠，但你應該搬去那裡。

明智思維會發現要在這個狀況下挑戰情緒思維不是件容易的事，因為遠離家人、自己一個人生活這樣的恐懼非常強烈。然而，如果你選擇聽從明智思維，它很可能會這麼說——你需要有安全感並且能夠探視那些你關心，同時也關心你的人，但同時也需要把握機會並承擔風險，因為就算最後工作不盡如人意，世界也不會毀滅。所以，或許可以找一個離家大約一到兩小時距離的工作，這樣一來，就算住得比較遠一些，還是可以在週末回去和朋友家人見面。

所以，做決定最好的方法之一就是，同時考量自己的感受以及現實的狀況。以下有三個步驟可以幫助你做到這一點：

步驟一：情緒思維

我對這個狀況有什麼樣的情緒感受？

這是你直覺就會知道的事情，也可能是需要一點時間去釐清的事。而釐清自身感受最好的方法就是找一個信任的人聊聊。有時候只找一個人聊會比較好，或最多兩個，這樣才不會因為意見太多而感到更加混亂。找個人仔細地訴說你的選項，想想對每一個選項的感受為何，你會開始瞭解自己的感覺。另外一個方法則是把感受寫下來。你可能會在進行第二步驟時立刻就會出現強烈的反應，馬上就會知道自己想要選的是什麼，或不想選的是什麼。

步驟二：理智思維

事情的實際狀況為何？

進行第二個步驟的一種方法是去解析各個不同的選項，並列出各自的優缺點何在。你可以為每種選項寫下一張事實（證明）清單，然後就可以直接進行比較和對照。也可以找個對這些事情比較瞭解的人聊聊，設法取得更多資訊，瞭解每一個選項可能牽涉的層面有哪些。

步驟三：明智思維

做出平衡的選擇

所以，如果將情緒思維及理智思維雙方對於該狀況的反應都納入考量，那麼，你的明智思維會怎麼說呢？一個比較平衡（同時照顧到事實狀況與感受）的觀點又會是如何呢？

有時候並沒有一個明確對或錯的決定，那也沒有關係。我們只需要針對該如何選擇做出一個「最接近的猜測」就好，而如果這個猜測「出了錯」，那我們就再選另外一個重新開始。另外一個可以幫助你做出好決定的方法是，找出最主要的價值觀，以及讓自己日以繼夜努力生活的動力為何。本書最後的單元的第一個練習（第二三二頁），將幫助你用更符合自身價值觀的方式來生活。

事情永遠都不可能完美，學習失敗會對你很有幫助，讓事情出錯、讓自己做出「糟糕的」決定，並從中學習，也不會有大礙。如果學會在事情出錯時挺過去，在未來面對其他困難時，你將會變得更加「堅毅不拔」（擁有「復原」的能力）。開始培養新的嗜好或展開新活動，這些事情在一開始可能「很不拿手」，但練習和學習的過程卻讓你獲得非常多樂趣。知道自己不需要完美，這是個極其重大的解脫，就算把事情搞砸，還是可以好好地活下去；天並沒有塌下來！你需要勇氣讓自己失敗，同時必須記住：失敗也是種動力。失敗可以讓自己更努力，至於最糟糕的狀況會是如何？這個嘛，我可能會再次失敗，但現在我知道自己不會有事的。

Part / 2

成為大人會遭遇的挑戰

在這個單元中，我們要討論到的是，
如果你深受焦慮所苦，
有哪些事情會更加難熬，
比方像是社交，又或者就算你自信滿滿，
這些事情還是可能會引發許多壓力和焦慮，
比方像是工作面試和職場上的各種煩惱。

該如何拓展社交圈，和其他大人交朋友？

無論你是內向或外向的人，社交關係都是重要的事。

也許社交讓人覺得很恐怖，但有時候你需要強迫自己去面對，才能明白其實沒什麼好怕的。

社交焦慮指的是害怕其他人對我們有負面的評價。

戰勝焦慮最好的方法，就是去弄懂究竟焦慮的原因是什麼。

成年之後，我們開始發掘自己是哪一種類型的社交動物：我們是「派對型」嗎？還是喜歡待在家裡和朋友玩桌遊呢？又或者兩者皆是？是哪種都沒關係，每個人都不一樣，而這也是美好之處。如果所有人都一樣，人生會有多無聊呢。你可能聽過「內向」和「外向」這種說法。內向的人喜歡自己獨處，而且在社交上也比較保守。外向的人在別人眼中看來，在社交場合中活潑熱情，而且精力充沛。但這並不代表所有會焦慮的人，都是內向的人。事實上，許多外表看起來很有自信且外向活潑的人，內心都因為焦慮和煩惱而痛苦不已。對某些人來說，自己內心越是焦慮，外表看起來就越是要有自信。舉例來說，蘇就經常在大型場合演講時，被人說她看起來自信滿滿，但事實上，她的內心卻在發抖。

我們在下一個篇章列出的問卷中，有六一%的年輕人認為自己是內向或「比較內向」的人；然而，只有三四．五%的年輕人表示，在其他人眼中他們是屬於內向的人。這也表示回答問卷的人當中，大約有三分之一的內心覺得自己是內向的，但其他人看起來卻覺得他們很外向。

我們所知道的是，無論你是內向或外向，重要的是要擁有社交關係。社交讓我們之所以是人：我們需要和其他人類有所連結。所以，如果你希望狀況跟現在有所不同，如果你想要在社交場合感覺更自在，想要更容易就能交到新朋友，或是在充斥著新面孔的新環境中「全身而退」，那麼，這裡及接下來的篇章就是你必讀的。這裡會列出我們針對十八到二十五歲年輕人所做的問卷結果，並探討社交場合中的各種焦慮反應。另外，還有聚焦在如何處理會阻礙人際關係發展的焦慮思緒。

焦慮與社交尷尬

我們認為為年紀在十八到二十五歲間的年輕人朋友（無論這些人是否有焦慮的問題）進行問卷調查會是很有用的一件事，藉此可以瞭解他們在各種社交狀況中會有什麼樣的感覺，同時也可以知道這些焦慮感有多麼普遍。在此大大感謝四十一位完成了問卷的填寫人。

超過三分之一回答這份問卷的人都認為自己會在面對社交狀況時感到焦慮（或覺得尷尬）。絕大多數人覺得，一年當中他們多少都會有幾次因為感到焦慮，而選擇不出席社交場合，而有一半的人表示，他們一週會因焦慮而不參加社交聚會至少一次。只有三五%的人說他們會主動接近新朋友，跟他們說聲「哈囉」。我們詢問大家他們在這樣的狀況時會說些什麼，以下就是他們提供的一些建議。

跟不認識的人開啟對話

- 先說聲「哈囉！」或是「嗨！」或「你還好嗎？」問候他們看看今天／這個晚上過得可好。
- 確保自己的肢體語言是親切的，比方說帶著微笑，並且看起來很友善。
- 先自我介紹，跟對方確認你們之前從來沒見過面，例如：「嗨，我是某某，我想我們之前應該沒有見過面吧？」
- 詢問他們是怎麼認識這個場合或活動中的其他人，例如：「你是怎麼認識愛麗絲的呢？」
- 一般人聊天時都會先從一些無關緊要的小事開始聊起，接下來才會找到彼此之間的共同興趣。建議可以聊的話題包括：
  1. 他們都看哪些電視節目？都聽哪些類型的音樂？喜歡什麼類型的書、運動、社群媒體、藝術時尚和遊戲？
  2. 他們主修的科目是什麼？工作是什麼？未來打算從事什麼行業？
  3. 他們的嗜好和喜好為何？假日時都會去哪裡？
  4. 他們是哪裡人？住在什麼地方？跟誰同住？
  5. 稱讚對方的穿著，例如：「我很喜歡你的鞋子，你是在哪裡買的？」
  6. 談論你們所在的場合，例如，如果你們是在看喜劇表演，就聊聊這齣喜劇的演出如何；如果是在電影院，就聊聊不同的電影；又或者如果是在酒吧，可以聊聊平常都喝些什麼，或是等等要去哪裡續攤。
- 如果這些話題都不管用，那就聊聊天氣吧。

我們詢問了哪些狀況最讓大家感到焦慮，前四名是：

1. 在場的所有人你全都不認識
2. 新的社交環境（例如：新職場或新學校）
3. 一個你不太熟的人在街上朝你走來
4. 需要向別人請教一些你不知道的事情

然而，許多人表示，他們在熟悉的狀況中也會感到焦慮，包括和朋友聚會（一二％），或是跟還算是熟的人聚會（七％）。焦慮對這些填答問卷的人所造成最主要的影響是：他們會變得安靜或放空、試圖不要被人注意、非必要儘量不跟別人講話、隨時等著一有機會就要閃人、整個人僵住不知如何是好、避免與他人有眼神接觸、說話結巴、說話速度變得很快或是只講簡短的句子、不安地撥弄小東西，像是自己的手機、巴著離他們最近的人不放。有一位填答者談到他們是如何強迫自己在害怕惹得別人不高興的心情下，撐過這樣的狀況：

有人在家庭聚會時帶了煙燻鯖魚來給我。所以我拿了一些放在自己的盤子上，但很快我就發現那鯖魚並沒有煙燻過，而是生的。我不想做個沒禮貌的人，也不知道該不該告訴大家那是生魚。所以，我就自己把整隻魚吃掉了……我想，我總是讓自己處在極端不舒服的狀態中，以避免出現尷尬的場面，因為比起讓其他人感覺很糟糕或是很尷尬，還是我一個人不舒服就好。

另外，也有些人談到了他們是如何用「自我激勵」或「默默忍耐」的方式來度過這種焦慮不已的情況，無論在當下那是多麼困難的事。其中包括了「假裝微笑」並堅持到底、努力表現得「很正常」或很外向、不停開玩笑、找個地方深呼吸（大概是去廁所吧）、在心裡對自己說幾句打氣的話，然後再回到那個社交場合去。很多回答問卷的人都不確定該如何處理焦慮，但有些人提供了以下的幾個想法和建議，來處理在社交場合所碰到的狀況。

處理社交狀況的建議

- 你不是第一個出現社交焦慮的人，也不會是最後一個。每個人都會有不安全感，你不是唯一會感到焦慮的人。他們也都是人，而且如果你選擇和他們交談，他們一定會感到很高興。
- 任何互動都有可能創造出新友誼或新連結。
- 如果萬一有個你根本不認識的人對你抱持著敵意，你會再遇見這個人的機會非常低，也就是說，根本不值得把這樣的人放在心上。
- 假裝——我們全都是努力表現出最好一面的傻瓜。
- 萬一不小心搞砸了，沒有人會藉此攻擊你。如果對自己所犯的錯抱持著誠實、和善以及開放的態度，大家都不會太過計較。
- 試著保持冷靜，記得呼吸。
- 有必要的話就離開吧——這麼做不代表你是個壞人。
- 大家並不如你想像的那麼愛批評別人。
- 想像一個很有自信的人，輕輕鬆鬆就可以和別人展開對話，然後假裝你就是那個人。
- 告訴其中和你最親近的人，請他們「不要」幫你。舉例來說，如果真的很害怕在餐廳裡點餐所以請他們幫忙，這時他們應該要拒絕你，這麼一來你就非得自己點餐不可了。越常這麼做，它就會變得越簡單。

- 尷尬的狀況只是暫時的。越常讓自己去參加會讓人焦慮的社交場合，就越有可能改善社交技巧，最終會在某種程度上克服你的焦慮和尷尬。越常看見自己在社交場合中順利達成目標，就會越有自信。
- 儘管當下感覺很可怕，但偶爾也需要強迫自己去面對某些事情，藉此讓自己瞭解根本不需要害怕。這是每次堅持到底之後所能獲得的最大收穫，而通常會學到，和焦慮相處得越久，焦慮就越容易逐漸降低。
- 無論什麼狀況，都要微笑面對。這是讓人感覺快樂非常有用的方法。勇敢挺身而出，總比後悔沒有去做想做的事情要好，無論最後結果如何。

社交焦慮有什麼影響？

究竟什麼是「社交焦慮」，為何它會對我們有這麼大的影響呢

教科書告訴我們，社交焦慮是種恐懼，害怕別人會在社交場合中對我們有負面的評價，以及無法成為一個被社交圈「接受」的人，在社交行為上犯錯，而其他人會注意到這件事並因此嘲笑、戲弄、或批評我們。不難理解，這樣的狀況會導致我們認為自己是個糟糕的人，同時擔心會遭到其他人排擠，或不想再多花時間繼續跟我們相處。真要小題大作的話，我們可能寧願當個被社會放逐的人，終其

一生獨自住在森林的小茅屋裡，永遠不再剪頭髮……（儘管有時候遺世獨立聽起來是件很吸引人的事！）

在社交場合中，也隨時擔心著焦慮不知道會以什麼樣的方式來襲——受人評斷的時候所產生的焦慮，會讓我們更加覺得自己正在受人評斷！這會讓自己的雙手發抖、嘴巴乾渴、臉頰泛紅、思緒翻騰，或是說出口的話變得混亂破碎。這時候別人會怎麼看待我們？每當有人注意到我們出現了焦慮的反應時，這是經常會湧現的一種恐懼，然後我們會認為對方一定在覺得自己瘋了，而且脆弱又愚笨。舉例來說，可能有人會害怕要端著一盤食物通過整個房間，因為當「所有人」都盯著他看的時候，他擔心自己的手會發抖。

什麼會讓人際狀況更糟？

一旦感到社交焦慮時，我們會變得只關心其他人會怎麼想（想知道你的焦慮會耍什麼把戲，我們將在後面篇幅詳述），於是會在其他人面前將自己的焦慮隱藏起來。這兩種狀況都會阻礙我們發展自己的社交技巧。努力不要讓自己看起來顯得焦慮，反而會讓我們看起來很古怪或冷漠，所以更可能會發生自己所害怕的情況：看到別人對自己露出奇怪的表情，或是拒絕我們。

一些很常見的例子包括了有人會一直緊握雙手，或是坐在自己的手上，好讓自己的手不會發抖，同時比平常更用力和別人進行眼神交流（也就是盯著別人看），又或是完全不和人四目相交，而且準備了過多與人交談的話題。這些行為看起來都很奇怪，而且會讓我們更難享受與他人共處並聽他們說話的時光。

同時，我們也很常只顧著擔心自己身體上出現的焦慮反應，所以努力想要讓自己看起來「正常」，以致於根本沒意識到別人是如何看待我們的。我們可能會感覺到有人盯著自己瞧，但是我們不確定是不是因為這個原因。事實上，沒人有空注意其他任何事，大家都只忙著關注自己，以及自己該如何平順度過某個社交狀況。

會造成社交阻礙的行為

為了幫助自己處理身體上的焦慮反應，我們會去找一些事情來幫助自己冷靜下來，我們稱這些事情為「安全行為」。雖然「安全行為」這個詞聽起來非常正面（誰不想要「安全」？），但實際上這些行為卻可能會阻礙你學習如何處理自己的焦慮。

安全行為有三個主要的問題：

有時跟當下想做的事情無法配合

舉例來說，假設你的安全行為是隨時隨地抱著一瓶水，這樣你的手才不會抖，那麼，萬一周遭沒有任何瓶裝水，又或者不小心把瓶裝水放在別的地方忘了拿呢？又或是剛好把水喝完了，而有人好意地幫你把瓶子拿去丟掉呢？萬一抱著水瓶是在這個狀況中唯一能讓你感到安全的方法，那麼，為了要解決這個狀況，你可能會衝動地想要用蠻力從這個人手上把水瓶給搶回來。

可能會讓他人覺得沒那麼友善

舉例來說，假設你的安全行為是確認跟他人有許多眼神交流，最後很可能會讓自己看起來會像是死命地在瞪著他們。又或者如果試著讓說出口的話很有條理，結果卻導致你無法說太多話，或是表現得很緊張，而其他人可能會覺得你對他們的話題沒有興趣。

開始相信自己不能沒有這些安全行為

你可能會認為之所以能在社交場合中全身而退，靠的就是這些安全行為，雖然事實上並非如此（就算不做這些安全行為，也可能有很好的表現）。這麼一來，你對安全行為的需要就會越來越深，對它們的依賴也會越來越重。「我之所以能撐過那場會議，完全是因為我一直在桌子下面握著我的壓力球。如果沒把壓力球帶在身邊，我就會驚慌失措，完全無法思考了。從現在開始，每次開會都需要帶著它。」

行為實驗

現在開始稍微瞭解在社交狀況中的自己了，就從這些狀況開始去嘗試調整會比較簡單。其中一個辦法就是你可以去做所謂的「行為實驗」，意思也就是，要在不做任何安全行為的狀況下，去測試自己對於社交狀況的想法或擔憂，看看自己是否能夠「不做任何事」，還是成功地撐過這個狀況。

這也代表你可能需要去做跟安全行為完全相反的事。

安全行為以及與之相反的事	
安全行為：跟朋友在一起時放空自己	相反的事：專心聽朋友說的話
安全行為：事先練習你要說的話	相反的事：不事先練習，直接說出當下腦中想到的話
安全行為：坐在自己的手上	相反的事：不要坐在自己的手上，讓手放輕鬆

等你做完實驗之後，就可以來看看原本腦袋裡所擔心的事情，是否真的有發生。本書最後的練習二（第二三六頁）中有一張表單，你可以用它來填寫，這麼做可以幫助你規劃並回顧測試安全行為的整個實驗過程。同時也可以幫你取得朋友的回應，或者也可以把整個互動過程錄影下來，看看實際上的狀況究竟是如何。

瞭解社交焦慮會造成的影響

想要克服社交場合中的焦慮，最好的辦法就是對它有更多的認識與瞭解，隨著瞭解得越多，要面對並克服也就會越簡單。試著回答接下來幾個跟自己的焦慮經驗有關的問題。慢慢地把這些問題都看過一遍，也可以找親近的朋友或家人來幫忙。

1. 你對於社交狀況的恐懼有哪些？最擔心的是哪一個？
2. 在面對社交狀況時所採取的安全行為（任何一件你用來隱藏焦慮或逃避他人目光的事）有哪些？
3. 你在準備社交狀況時、參與過程中，以及事件結束之後，各會出現哪些焦慮的想法？
4. 在社交場合出現焦慮時，會感覺身體的哪個部分不舒服？
5. 哪一種身體焦慮反應最讓你困擾（或是否會試著逃避）？
6. 如果有人注意到你身體的焦慮反應，對你來說那代表了什麼意義？
7. 你認為其他人如何看待社交場合中的你？
8. 支持你認為別人會這麼想的證據有哪些？
9. 當你身處社交場合中，首先會注意到的是什麼？
10. 當你在做安全行為時，當看起來會是什麼模樣？又或者會有哪些舉動？

11. 你怎麼知道接下來會發生什麼事？有證據可以證明嗎？

12. 如果你能讓自我意識稍微降低一下，會不會有幫助呢？如果有，會是什麼樣的幫助？

13. 這些問題單純只是用來鼓勵你進行自我檢視，察覺自己的想法、感覺和回應是什麼。

連恩的經驗談

我最近被邀請在我父母的婚禮上彈奏吉他。

在點頭答應之後，我立刻對這件事感到一點點焦慮，但我還是沒有退卻。等到婚禮當天，我開始感到自己有點緊張，但應該沒什麼大不了。

接下來就是我上場演奏的時刻了。我突然間發現自己呼吸困難，而當我開始演奏之後，我害怕到完全沒辦法抬頭看台下的人。我非常清楚意識到自己無法呼吸，我硬撐了半首歌的時間，努力想要隱藏這件事。而當我繼續演奏時，慢慢開始回復控制力。我持續不斷撐著，然後慢慢又開始可以呼吸了，雖然我的呼吸仍是很不穩定，但可以感覺到自己已經逐漸冷靜下來了。

我不斷告訴自己沒問題的，現場唯一會嚴厲批判我的人，就只有我自己。

要怎麼處理不斷萌芽的焦慮思緒？

焦慮思緒會對人際關係帶來什麼樣的影響。

越頻繁做這件事，被引發的焦慮就會越變越少。

許多人覺得找一句可以隨身攜帶的應對箴言，這個方法很有用。

「捕捉」這類思緒並將之筆記下來，讓我們可以開始去挑戰這些想法，並找出更平衡的思考方式，這會對我們有很大的幫助。

焦慮思緒有可能很難應付，就像惡霸在路上把我們攔住一樣，阻止我們去做想要而且需要做的事。

它們會阻礙我們做自己，並讓我們覺得自己無法跟別人交朋友或是發展人際關係。在這裡，我們就來看看焦慮思緒對人際關係會 產生什麼影響，但是我們在這裡談到的方法，可以應用在各種焦慮思緒上，也可以用來處理在許多狀況所產生的憂慮心情。

試著去習慣焦慮

想克服焦慮思緒其實有很多不同的方法，我們會在這裡一一列出，不過，其中最簡單（但也不能算是非常簡單）的方法就是，讓自己身處在你所害怕的狀況中。就如同在前面所提到的，許多幫我們填寫了問卷的人都表示，消除焦慮最好的方式就是，在社交狀況中「鼓起勇氣撐過去」，進而瞭解自己其實可以安然度過。重點就是，越是多去做某件事，這件事讓你焦慮的程度就會越來越低，而你也可以用實際的證據來否定焦慮思緒！

鮑伯的經驗談

我最近開始去上一個新的教育課程，你一定可以想像，我非常焦慮，因為我在課程中將會面臨到許多不同的新體驗。

第一個問題就是會遇見許多新同學。我並不是個外向的人，所以對我來說這件事很困難。我害怕其他人會不喜歡我，而我也無法融入他們。一開始我儘量避免跟其他人交談。我很擔心他們會對我不理不睬，又或是在我試著要開口跟他們說話的時候，對我擺出惡劣的態度，只因為他們不喜歡我。

剛開始上課差不多一個星期之後，我跟一個人說了話，他剛好和我唸同一所大學。我從來沒有跟他們說過話，但經過幾次很彆扭地想著：「啊，我不想打擾這個人」之後，還是不管三七二十一地鼓起勇氣去跟他們說話，而沒多久我們就變成朋友了。

從那時候開始，我稍微有點自信可以跟人說話，而這已經足以幫助我從自己那小小的焦慮中破繭而出。我就是去找人說話。我會說一些跟當下所在的狀況相關的事，這樣一來至少彼此就會有個共同的話題。

暴露於恐懼之中

阿爾伯特・艾利斯（Albert Ellis；1913-2007）是美國知名的臨床心理學家，他對於和女性說話有著深深的恐懼。據報導，艾伯特在十九歲時決定要面對自己的恐懼，他要在一個月內要跟一百名女性在當地植物園裡進行交談。儘管最後並沒有成功地邀約到任何女性跟他約會，但他從此不再害怕與女性交談。在他對這件事免疫之後，便不再害怕被拒絕這件事。艾伯特後來致力發展出了多種治療方法，其中包括了「理性情緒行為療法」（REBT；rational emotive behaviour therapy）。

想克服與他人交談的恐懼，就是去跟很多人交談，而且要很多很多人。你越常跟人交談，焦慮就會越低，也會感覺說起話來更有自信也更自在。當我們決定要讓自己暴露在社交狀況中，最有幫助的方式是一次一小步慢慢做起，第一次先挑一件小事來試試看，然後慢慢地找出適合自己的方式，在焦慮逐漸降低之後，再一階一階漸次地向這個「階梯」往上爬。

同樣也很重要的是，要很清楚知道自己想要達到的目標是什麼，這樣才會知道自己要朝哪個方向努力。可以先準備好在達成每一個階段目標時，給自己什麼樣的獎勵，因為這是個非常有挑戰性的任務。接下來有幾個例子，讓你看看「與不認識的人展開對話」這個「階梯」大概會是什麼樣子。

目標：能和工作新同事對話

步驟一：每當在公司見到從來沒有說過話的新同事，就簡單微笑一下。
步驟二：跟從來沒有說過話的新同事說聲「嗨」。
步驟三：跟從來沒有說過話的新同事說：「嗨，某某。」
步驟四：跟從來沒有說過話的新同事說：「你這個週末過得如何？」

這個對不同的人來說會有不一樣的面貌，因為這要依據自己最害怕以及最焦慮的任務是什麼而定，還有接下來要採取什麼樣的步驟來完成它，以及可能會產生什麼感覺。重點是，只要有需要就去進行這些步驟，再多次都沒關係（好讓焦慮降低到你能夠處理的程度），然後再去做下一個步驟。你可以在每次進行時，評估這次的焦慮感有多重（我們建議評估的範圍可以從〇到一〇〇％），然後等到這個步驟的焦慮感降到或許三五％的時候，再開始進行下一個步驟。也就是說，你可能要花上好幾天、好幾個禮拜，甚至好幾個月的時間，才能完成，而這也完全沒關係。

我們前一本書《我的焦慮手冊：回復正軌》（*My Anxiety Handbook: Getting Back on Track*）有更多與恐懼暴露階梯有關的資訊，以及要爬完階梯所需要面對的挑戰有哪些。

試著處理自己的思緒

感到焦慮時，會大大影響我們看待世界的方式：我們會傾向於認為事情一定會出錯，而且會無法處理。這就像是帶了一個「焦慮濾鏡」在看人生，又或者會不斷地聽到恐怖的背景音樂。在人際關係中，我們會擔心其他人不喜歡我們、嘲笑我們、拒絕我們，或是再也不想花時間和我們相處（此外還有許多其他的憂慮）。

掌握「思考捷徑」

很重要的一點是千萬要記住，感到焦慮時，我們就會用焦慮的方式來思考（這也被稱為「情緒性推理」），而儘管這些焦慮思緒並非事實，我們還是經常會以為它們是真的，只因為這些思緒感覺起來「正確」。大腦中有許多有用的捷徑，好讓我們能夠更聰明且不用太辛苦地去思考，就能在這個複雜的社交世界中理出個頭緒來。問題是，這些捷徑很容易就會被焦慮感綁架，讓我們成為「焦慮的思考者」，而不是個「聰明的思考者」。以下列出了十種「錯誤」，目的是為了要幫助你察覺，這些捷徑是否已經被你的焦慮所綁架而變得毫無用處。

將事情災難化

當我們在思考一件令人擔心的事情時，會不斷地去想「萬一」，一直到我們把事情想成了災難為止。

將事情災難化

經歷的事情	最糟的情況是
咳嗽。	我得了肺結核
老闆叫你的名字。	我要被開除了
朋友沒有立刻回覆你的訊息。	他們不喜歡我了／他們發生了意外
有人在街上對你微笑。	她一定是在嘲笑我的髮型／鼻子／穿著……
男友對其他人微笑。	我男友一定是對別人有好感／他背著我偷吃

太快結論

我們只用很少的資訊就做出判斷，然後就不再仔細去多想了。舉例來說，假設看到女朋友傳訊息給另外一個男生，我們就會立刻認為她在偷吃，而不是當面找她問清楚這件事，看看事實上究竟是怎麼一回事。

認為所有事情都跟自己有關

當我們身心健康時，若有任何壞事發生，通常會責怪老天爺，而當有好事發生，就會認為一切都是自己的功勞。這麼做能幫助我們維持健康和快樂的心情。然而，所謂的焦慮思考就是，大小事都會責怪自己，儘管事情跟自己沒有太大關係或是根本無關。舉例來說，假設有個朋友取消跟你一起去看電影的行程，你就會認為這是因為他不想把時間浪費在你身上，或是你讓他覺得很丟臉。

總是負面篩選

忽略所有發生在我們身上的好事，而只專注在壞事上。舉例來說，早上對男朋友說了某件事，你很在意他聽了之後不是很開心，但你卻忽略了他其實並沒有很在意，而且接下來的一整天都陪在你身旁。負面篩選意味著，我們會根據那些讓自己覺得很糟糕的少量負面資訊，而對接下來的一天和自己做出不好的評價。大腦會對負面想法有反應是為了要保護自己，但其實這麼做反而是把我們的日子給搞砸了。

過度概括推斷

這和負面篩選很類似，也就是說，我們會只根據發生過一次的事情，或是某件事情的少許資訊，就做出概括性的推斷。舉例來說，我沒有受邀參加星期六的派對，這就代表所有人都很討厭我。

過度預估任何可能性

過度預估壞事會發生的可能性（例如，如果我去上課，一定沒有人願意跟我說話）。我們稱此為「保持安全比後悔好」的推理。這會讓我們凡事提高警覺，如果這個世界確實充滿了危險，這麼做或許很有幫助，但如果這只是焦慮的大腦在耍弄我們，那麼日子就會變得很難熬。

假裝別人會讀心術

身而為人，就是要與其他人交流共感。我們天生就會想去認識別人，也讓別人認識我們。然而，這個身而為人十分重要而且相當美好的部分，也意味著我們會（錯誤地）認為自己能知道別人心裡在想什麼，然而，因為負面思考，我們會假設他們也知道我們心裡在想什麼。這樣一來我們就會錯誤解讀他人的意圖和行為，而這麼做一點幫助都沒有。舉例來說，如果有人在公車上看你，你可能就會想：「他們在批評我，他們覺得我看起來很怪。」但事實上你根本不知道對方在想什麼。他們有可能是很讚賞你的鞋子或外套，又或者他們只是向前直視，根本就沒有在看你，而是在擔心公車上其他人是怎麼看待他們的。這種焦慮的讀心方式，會讓人感覺很糟，而且完全沒有事實根據。

預知結果的能力

就如同我們需要和其他人產生共感，能夠想出接下來會發生什麼事的能力，也是人之所以成為地球主宰的原因，這讓我們能夠解決問題，並且富有創造與發明的力量。問題是，當我們覺得焦慮，而且又認為自己早已知道接下來會發生什麼事，那就會覺得不需要去嘗試其他的方法了。如果你早就知道那個看起來有很趣的人不會喜歡你，為什麼還要過去和他說話呢？

總是貼標籤

我們需要有個方法能快速地找出周遭世界的條理，這樣一來才能做出既有效率又有幫助的決定。如果評估某個狀況，並快速地給它一個分類標籤，那麼就能幫助我們很快就能理解發生了什麼是，然後據此做出最佳選擇：「我很安全」或是「這沒有問題」。當我們正在經歷某個困難的處境，就會為它或自己貼上標籤。舉例來說，你忘了要在朋友生日時打電話給他，於是你就這麼想：「我真是個爛朋友」或甚至是更概括性的：「我真是沒用」。

非黑即白的思考方式

就如同貼標籤，在我們擁有許多相關資訊的情況下將事情分類，也是能夠幫助我們迅速做出決定，並有效推理出事情是「太好了」或「很糟糕」的好方法。要去思考並分析出某個人或狀況的眉眉角角，這需要花時間，但沒有那麼多時間，特別是當我們在焦慮的時候。如果我們只依靠這樣的思考方式，那很可能會讓自己陷入麻煩之中。這種狀況的例子是：「她很懂得怎麼跟別人交談，而我完全辦不到」，而不是去重新思考這中間其實有個灰色地帶，又或者想想能跟別人交談其實是個複雜的技能。另外一種比較複雜，或說更灰色地帶的想法是這樣的：「我很懂得如何個別和人交談，但要面對一整群人時我就覺得很困難了。」

你是否有發現自己或許正在使用這些捷徑呢？如果有，把它們寫下來會對你很有幫助（或在書上用螢光筆標出來），這樣一來你就可以開始注意自己是否陷入了這些陷阱之中，接下來你就可以開始挑戰自己的思考方式了。

捕捉自己的思緒

現在我們知道焦慮會用哪幾種方式來「綁架」你的思緒了，所以可以試著去「捕捉」這些念頭，並將它們記錄下來，這麼一來，就可以開始挑戰，並找出更加平衡的思考方式。你或許覺得自己的思緒就像是個永遠不停歇的焦慮源泉，而一開始要去捕捉它們可能會非常困難。

最容易找出來也最有挑戰性且重要的焦慮思緒，通常都是些很普遍的想法，而且跟你是個什麼樣的人有關（我是個……），或跟其他人是什麼樣的人有關（大家都……）。有時我們會稱這些焦慮思緒是「熱門想法」，因為它們是會立即出現的反射性情緒回應，而且令我們深信不疑，而我們的焦慮會讓這些念頭感覺起來很「對」或很真實。這些念頭如此強烈，以至於我們會嘗試去逃避或忽略它們。

因此，把那些讓你感到特別焦慮的狀況，以及你在這些時刻經常會有的念頭全部寫下來，這麼做會對你很有幫助。你可以把它們寫在一本專門記錄想法的日記本或筆記本裡，甚至可以記錄在手機裡。然後你可以用一些簡單的問題來幫忙找出焦慮通常會採取哪些捷徑來應對。接著，不要全盤接受自己的想法，你可以試著去挑戰它們的真實性，看看它們是否能在詳細的檢驗之下，依舊毫不動搖。

挑戰自己的思緒

一但捕捉到你的焦慮思緒，最好的作法就是花點時間坐下來，試著釐清你是根據什麼樣的邏輯來進行這種方式的思考，並挑戰這些想法是否正確。舉例來說，假設你在半小時前傳了個訊息給朋友，問她想不想晚點出來小聚，你看到她已經讀了這個訊息，卻遲遲沒有回覆。這時你可能會開始擔心，然後這麼想：「她無視我的訊息。她明明就讀了訊息，卻選擇不回應。她就跟其他人一樣選擇疏遠我。她一定也很討厭我。」所以，在這種情況下的「熱門想法」就會是：「大家都討厭我。」

下一個步驟就是仔細去檢視這個想法，然後問自己：「我有多相信這樣的想法？」在這一刻，你可能非常相信這個念頭（大概有九成吧）。你需要在狀況發生的當下立刻回答這個問題，這樣一來才不會忘記當時的感覺是什麼，所以，你會需要在思緒紀錄本上留一個欄位來做這件事，或是在日記裡提醒自己要這麼做。

接下來，你需要當個偵探，去找出所有能證明這個想法錯誤的證據。如果真覺得有困難，有時可以想像某位朋友在這樣的狀況下，可能會跟你說些什麼話，或是想像如果你的朋友有這樣的想法，你會對他們說些什麼。絕大多數人對朋友都比對自己仁慈許多。你可以使用本書最後練習四裡的「他人的同情心」來幫助自己做這件事。

用筆記本或日記來捕捉並挑戰你的思緒

- **在引號中寫下真實的想法，然後簡單說明之所以會這樣想的前因後果**
  我覺得我一走進去時，「所有人都在笑我」。
- **評估一下你自己（在當下）有多相信這個想法**
  九成
- **評估一下你的焦慮感有多重（以及你的身體因為這股焦慮而產生什麼反應）**
  我覺得非常焦慮，滿分十分的話應該有八分。我突然間覺得頭暈目眩。
- **然後想想有什麼證據**
  支持：有好幾個人朝著我這邊看。

反對：他們大概只是因為有人開門所以才朝我這邊看。他們可能在我開門進來之前就已經在笑了。

我最好的朋友會這麼說：「你只是焦慮而已；你經常覺得別人在笑你，但其實他們根本就沒有。他們完全沒有嘲笑你的理由。你需要先來個深呼吸，然後找個看起來很友善的人聊聊。」

找出任何可能的焦慮捷徑

我太快下結論了，因為我沒有足夠的資訊來判斷。我以為他們在嘲笑我，其實是因為我太自以為是了。

評估你現在有多相信這個相法。

四成。

評估你現在的焦慮感有多重。

現在我不覺得那麼糟糕了。滿分十分的話大概是四分。

怎麼樣想會更平衡呢？

「雖然當下感覺很可怕，但這並不代表他們在嘲笑我。我可以應付的。」

本書最後的練習三（第二三八頁）有一個挑戰想法的樣板，隨著你經常練習尋找證據，並發現自己想法中的偏見，你就會越來越自動自發，也就不需要在紙上或日記裡做記錄了。不會再過度信任你的焦慮思緒，而且也會開始發現，很多時候你之所以會有負面想法，是因為感到焦慮，而不是因為事情真的很糟糕。

話雖如此，挑戰焦慮思緒並不一定每次都會讓你覺得比較不焦慮，有時候可能會感到陷入了一場大災難，尤其是只有自己一個人，而且依然感到十分焦慮時。一開始可能很艱難，但千萬不要因此而打退堂鼓。改變自己的思考方式並不是件容易的事，這需要時間和練習。如果你覺得這個作法聽起來會有幫助，並且下定決心要用這個方法來更瞭解思緒，相信一定可以打破焦慮循環，而當焦慮思緒試圖要帶領你走上毫無幫助的路徑時，你也會變得更有掌控的能力。

我們會記得自己做錯事的那些時刻，而且覺得這些事情都被刻印在腦子裡難以抹滅，但卻經常會忘記自己把事情做得很好的時候。這些思緒就像是塊磁鐵一樣牢牢「吸住」現有的念頭，而那些與之不相符的想法就會被驅逐出去，然後被遺忘。同時我們也會把焦慮看作是個保全人員，它只會讓那些符合焦慮思緒的資訊、其他人都既可怕又很愛批評人、我們不是個很懂社交的這類證據「獲准進入」。

所以每當有人看著自己，而這個人臉上詭異的笑是因為他不喜歡我們時，保全就會歡迎這類訊息進入大腦。我們的朋友在該打電話卻沒有打來時，這位保全也會歡迎這樣的念頭進入（因為它和保全手上的「名單」相符）。然而，其他相反的證據——其他人很想和我們一起消磨時間，或我們有時候也可以在社交狀況中有很好的表現——就會被保全拒絕在門外，不得其門而入。彷彿這些事情從來都沒有存在過！最後，只剩下偏頗的證據來支持偏頗的想法。

有個方法可以讓我們稍微避免這樣的狀況，那就是開始去收集反面證據。你可以用小記事本或手機，每次只要有人對你表達正向關注（對你微笑、特地過來跟你說話、邀請你一起去某個地方），就把它記錄下來；你也可以把實際上「表現得很好」的社交狀況記下來（例如，跟某人進行了很順暢的對話）。接著就可以用這些證據來幫助自己挑戰任何時刻出現的焦慮思緒，讓自己取得更為平衡客觀的視角。

對抗負面想法

當我們感覺很糟的時候，就會有很糟的念頭。我們會開始用負面的方式跟自己說話，批評自己，並指出自己所犯的錯或是有哪些不好的地方。這是個會對自己造成傷害的壞習慣。當有人對我們說了不好聽的話，就很容易會這麼做，對自己的批判也會更加嚴厲，為自己找到「外部證據」來支持負面想法。這些負面的聲音最後會變成我們經常用來跟自己對話的聲音。然後，當我們犯了錯，不是去想所有人都會犯錯（這本來就是生命的一部分），反而是對自己說：「我當然會把事情搞砸，我本來就是個糟糕的人！」

甚至當我們開始感覺焦慮時，在受到內在負面聲音的影響之下，會說出：「看看我這個人，我真是可悲，我沒辦法處理任何事情！」要對抗這種「負面的自言自語」，並不一定要去捕捉想法並對它們進行挑戰。很多人都覺得，找出一句可以隨時拿出來使用的因應話語是很有用的作法。

要找出屬於自己的因應話語，可以參考下方的建議，或是上網找經典金句、歌詞、跟你親近的人曾說過的話、焦慮問卷中最受歡迎的幾個小方法（請見第三單元），或者也可以從宗教典籍中找靈感。當情況變得有些棘手，開始感覺到腦袋裡的那個聲音開始批判你時，就可以把這句話拿出來用。隨著練習，這就會變得越來越簡單，也越來越自然，而這些話會自動跳出來，幫助你將注意力從那些負面的自言自語中轉移。

因應話語

- 儘管很焦慮，但不代表我不能好好處理眼前的狀況。
- 這種感覺很快就會過去。
- 會有這種感覺是很自然的事。這不是我選擇或想要的，但我會被困住一陣子，直到它過去。我只能盡力去因應。
- 之前也曾經歷過，之後也還是會再碰上同樣的狀況。
- 做不好也沒有關係。
- 焦慮讓我感覺很糟糕，但不會對我造成任何傷害。
- 我的想法並不代表我這個人。
- 我不需要給予這些焦慮思緒任何關注，而是要對自己仁慈寬容。

我無法專注！焦慮時要怎麼用功唸書？

對很多人來說，焦慮會讓他們失去規劃事情的條理。

找到正確的環境很重要，訂下清楚實際的目標能夠幫助你做計畫並找出條理。

當我們勇於面對時，可怕的事情也會變得越來越容易處理。

我們的目標是讓你瞭解焦慮會如何影響你思考、學習與規劃的能力。

去上大學或是專門學校，會有很多引發焦慮的原因。轉換一個新的身分開始學習新事物，是件令人興奮又耳目一新的事，但同樣也會產生許多不確定性和壓力。如果你本來就為焦慮所苦，那麼，以比過去更加獨立的方式來學習新事物，同時又要面對本書中提到的各種壓力（財務與社交的壓力），可能會讓人非常難以承受，並且也會阻礙你達成原本能力所及的事情。在本篇章中，我們的目標是要讓你瞭解焦慮如何影響你思考、學習與規劃的能力，也會提供一些小技巧，讓你可以用比較有效率的方式獨立進行學習。如果因為上大學而必須搬離家中，你可能也會想要翻閱下個篇章，因為主題是從家裡搬出來，以及該如何處理結束和轉換。

在大人的世界中當個學生

大家都會有個刻板印象，「懶散」的學生每天睡到中午才起床，白天都在看電視，到了晚上就泡在酒吧裡喝便宜的酒（請注意，本書作者中沒有一位符合這樣的刻板印象……呃，沒有完全符合啦……基本上是沒有啦……或許只有大學第一年時有那麼一點點）。可以理解，許多人都會期待這會是人生中最美好的一段時光，天天都有派對和新奇有趣的事物，但我們知道，現在的學生都有極大的壓力和擔憂，這也告訴我們，絕大多數的學生都很認真的在唸書，而且令人難過的是，他們可能正在經歷許多痛苦難熬的時刻。

由於家人與其他支援系統都不在身旁，通常能夠獲得的支援很少。這段「生命中最美好時光」所帶來的壓力，有可能會讓人更難以承受焦慮的感覺，也會讓其他人無法察覺你正在痛苦掙扎之中。如果你正躲在棉被裡看《囧男四賤客》（The Inbetweeners）的重播，藉此逃避焦慮，於此同時所有朋友看起來都好像在進行著某件新鮮事，而且看起來很享受，這更會讓你覺得自己很悲慘，某種程度上也會覺得自己是個失敗的人。布麗迪以前也有一段很長的時間老是穿著睡衣窩在家裡看《犯罪實錄》（Real crime），而她的同學們則是跑去學生會玩，所以她稍微能夠瞭解這種感覺。

對許多成年人來說，他們需要在一邊工作一邊唸書之間找到平衡點，又或許你正在上專門證照課程，而且在工作之餘還要花很多時間唸書，這也就代表，你必須非常懂得規劃時間，而且具有強大的行動力。

有很多人不久之後就會覺得累了，而且壓力爆表，他們不禁要問為什麼要這樣對待自己！教育的花費也可能讓人感到壓力沉重，想要達成目標以及把事情做好的壓力也會更大。隨著高等教育的費用增加，學生對他們所受的大學教育也會有更高的期待，而隨著學貸的金額越來越高，為了讓自己的「付出有所回報」，這份壓力也同樣日漸巨大。

試著拒絕逃避

感到焦慮和壓力大時，最常見的因應方式就是逃避我們認為引發這些焦慮和壓力的事情。就短期來說，我們會覺得好多了，但如果這件事情是唸書，通常也就代表我們會什麼也不做（甚至連想都不去想），然後該唸的書就會越積越多，最後就得面對堆積如山的功課和交作業的最後期限。

接著，又會製造出更多的壓力和焦慮，而一旦進度落後，就會導致更大的問題。近期的研究也發現，當學生拿自己和其他人比較，而且過度樂觀評估他人的學習進度（擔心別人的進度超過自己）時，會讓他們覺得自己沒有準備好考試，感到焦慮並開始自我懷疑，接著導致其表現沒有預期中好。

覺得有壓力是很正常的事，遇到有最後期限和功課要交的時候，有點壓力也沒什麼大不了，但是對某些人來說，這種感覺很難以忍受，他們會被困在焦慮思緒和逃避之中動彈不得，而這會讓他們無法順利完成學業。我們得用面對其他困境的方式來面對這種焦慮……一步一步慢慢來，但不能停下來，要設定一個短期、實際的目標，並且在朝目標邁進時照顧好自己。

在你的求學生活中會出現許多讓自己分心的事，像是和朋友一起出去玩，加入不同的俱樂部或社團。對那些在青少年時期會感到焦慮的人來說，大學或其他求學的場所，很可能會是他們找到自身歸屬，並且交到「懂」他們的朋友的地方。如果你就是如此，那麼恭喜你，我們為你感到開心。不過有個小小的地方要注意——如果沒有跟上學習的腳步，那麼所有焦慮都有可能再次捲土重來！思考該如何照顧好自己是很重要的事，要找到擁有社交生活與好好完成學業之間的平衡點，這樣才能在身心健康的狀態下，達成你的學術目標。

焦慮與讓自己有條理

學習因應焦慮的方法是，讓自己變得非常有自制力或是很愛控制一切。如果你就是這樣，那麼你應該有很多清單、清楚的時間表以及唸書計畫，同時對自己擁有極高（或許不切實際）的期望。對你來說，當因為功課過重超過你能承受的極限，而因應方式全部無效時，焦慮會變得難以處理。你可能會開始覺得自己失去控制，或是只要事情沒有完全按照你所希望和規劃的方式走，就會覺得自己沒有把事情做好。

對於成年後的讀書學習來說，團隊合作通常很關鍵，而如果你已經習慣用自己的方式來做所有事，任何事情都要在你掌控的範圍內，或是事事要求完美，這可能會變得很困難。能夠發現自己的因應策略已經造成問題也是很重要的。如果這聽起來很像你，那麼，「把事情規劃好」不是問題，問題在於要學會放手，以及當你無法掌控所有事並每次都拿最高分時，要能夠處理隨之而生的情緒。

表現得不好也沒有關係，甚至就算（令人震驚又害怕地）沒有達到自己的高標準、拿到低分，或是偶爾得向老師要求延期，這都沒有什麼大不了。學著明白世界不會因此毀滅，我們可以處理伴隨著失敗而來的糟糕感覺，這是克服焦慮同時培養韌性的重要技能。凡事妥善規劃並按照計畫執行是很好的，所以絕對不是要你把清單和時間表丟掉，只是或許可以想想其他方式來處理過高的期待和焦慮感。

如果這聽起來不像你，那就對了。對大部分人來說，焦慮感會讓有條理的規劃變得困難。焦慮會大幅地干擾負責「執行功能」這部分的大腦，也因此，幫助我們設立目標與規劃完成步驟的整個程序都會受到影響。基本上，這就是為什麼當你準備去面試，或是去赴一個讓你憂心忡忡的約會時，會突然找不到眼鏡，或是弄掉停車票卡或車鑰匙的原因。

當你感到焦慮或壓力大時，就算要做的事情相對簡單，你那負責規劃的大腦也無法好好運作——舉例來說，平安無事地把車開到目的地，把車停好，然後順利走進大樓裡，過程中沒有從樓梯上摔下來。當你是去找朋友聊天時，這都是些很簡單的事，但當你迫切地想要獲得一份新工作，或是想要加入一堂很難選到的課時，可就不是這麼回事了。

大腦的執行功能對於能夠有效地獨立學習，也是非常重要的。或許焦慮代表這對你來說是件不容易的事，又或者相反地顯示出在你之前的學校或學習環境中，有許多能夠幫助你的支援系統和組織。當焦慮一發不可收拾，且事情感覺已經失控時，支援組織可以有所幫助；但是成年之後，通常支援就會越來越少，又或者大家都會覺得自己難以開口求援。

自言自語及「心態」

有件事確實會阻礙我們好好坐下來專心用功，那就是跟自己說的話。我們知道焦慮的年輕人會有比較多的負面「自言自語」，而且他們比較容易貶低自己的能力，對自己說些負面的話[1]。給自己的這些負面訊息，會對動機和投入程度造成影響，增加逃避的可能性。你覺得這是你會做的事嗎？先讀此篇章並處理焦慮思緒會很有幫助，而後面的篇章也有談到如何使用正念策略來處理負面想法。

美國的卡蘿．杜威克（Carol Dweck）寫過許多關於「成長心態」的文章，她提出，與其想著自己哪些事情做得好，哪些事情做得不好，還有應該要怎麼修正，舉例來說，「我就是數學很差」或「我就是不會唸書」，可以把自己想成是在一段學習的旅程之中，需要更多的練習，目前暫時還沒有學會這些技能。

要注意當你在學習時，是怎麼跟自己說話的，以及你是如何看待自己的能力，這對於預防逃避和處理動機是很重要的一環。在正要開始做某件事情，或是當事情開始變得困難時，跟自己說自己有多不擅長這件事能有什麼幫助？試著在日記或記事本裡寫一些正面的話語，也可以把這些話貼在牆上，比方說：「我正在努力學，很快就能學會了。」

設定目標並訂出優先順序

你可能只有一門功課要完成，卻有其他許多事情要處理（有份領薪水的工作、要照顧其他人、煮飯和做家事），又或者覺得其他事情處理起來都沒有問題，但你要做的功課以及繳作業的期限卻是別人的兩倍。把環境準備妥當是很重要的一件事，並且要訂立明確符合、實際可行的目標，這麼做能夠幫助你規劃安排學業，同時也確保你有足夠的時間照顧好自己的生活。

「番茄工作法」（Pomodoro technique；網路上有所有相關的資訊）是個管理任務與期限的方法，主要目的是讓你提高產能，同時也確保有足夠的休息時間。它的作法是把一整天的時間切成好幾個區間（以四十分鐘為一個區間），列出自己必須在當天完成的所有任務，然後好好地預估一下，看看大概需要用掉幾個區間。

番茄工作法也可以在排列優先順序這方面，提供很好的建議，這樣才能確保你在期限內把工作完成。其中一個幫助了芭比的建議是，絕對不要一早起來就立刻閱讀或回覆電子郵件——只要一不留意，回覆電子郵件很可能就會浪費掉半天的時間。而這也是一種非常好的方式，能夠讓你在用功的過程中感到有點累時，也不會因此失去動力。不要把早上頭腦最清醒的時間，浪費在不太需要腦力或專注力的工作上。

將功課以不同顏色列成清單

或許，你不覺得自己需要這種嚴格的方法來控管學習時間，但是能有一份清楚列出各種期限和功課項目的表單會很有幫助，同時也可以幫助你排出優先順序。對此，布麗迪喜歡的是一種號誌燈方法：紅燈就表示這些事情需要在本週甚至今天之內完成；橘燈表示這些事情需要在兩週或更長的時間內完成；綠燈就表示這些事情尚未完成並需要重新規劃。當然可以自己把這些換成洋紅色、藍綠色和水藍色，就看你有哪些顏色的筆。

打造一個學習天堂

要更專注集中在學習上，有件事非常重要，那就是找一個讓自己感到安全、平靜，並遠離所有干擾的地方。如果你和其他學生住在一起，那麼，最好大家都能對協助彼此用功讀書這件事達成共識。

創造學習天堂的最佳技法

1. 盡可能挑選一個不會受到干擾的地方，最好是一個你的小孩（或兄弟、姐妹、朋友）不會跑來請你幫忙擦屁股、遛狗、搬家具，或是慫恿你一起出去玩的地方。最好也把你的手機放在一個你看不見的地方。
2. 如果你喜歡邊聽音樂邊唸書，或是播放一些讓人放鬆的聲音（任何一種對你有用方式都好），你可以製作一份能夠放鬆或提振精神的音樂播放清單。
3. 讓自己覺得舒適，但也不要太過舒適到讓自己想睡覺。抬頭挺胸坐正可以幫助你不會想睡，也可以避免背痛。姿勢很重要，尤其是當你在使用筆記型電腦時更是如此，因為這時我們都會低頭前傾。
4. 把溫度調節到適中的狀態──不要太熱也不要太冷。
5. 不要在床上唸書！床是用來睡覺的。
6. 如果你很幸運地擁有一張書桌，一定要把桌面整理乾淨，不要讓它亂七八糟堆滿東西（或許可以每次念完書就順手整理一下？）。如果沒有書桌，那就在家裡找一個可以唸書的空間，比方說廚房裡的餐桌。
7. 如果需要一些幫助唸書的東西（或是需要採買一些文具），像是便利貼、螢光筆、字典，以及字卡等等，可以在開始用功時段前先買齊，並確保它們都放在你需要時隨手可以拿到的地方。

8. 你也可以為用功時間事先採買一些零食和飲料。這麼一來，就不會太餓，而且也可以和平常一樣吃喝。

焦慮與學習／用功

好了，等你把清單都列好，並根據期限把所有任務的優先順序排好、調配好時間並布置好學習天堂之後，就可以正式開始了。

焦慮最棘手的一個地方就是，在感到焦慮時，它會干擾注意力和專注力，這時很常見的是，你會覺得腦子裡有好多事情轉個不停，難以專心。在我們把大腦調整到用功模式之前，需要先平靜下來，讓自己覺得一切都沒事才行。這時做幾次簡單的呼吸調整會很有幫助（見第一〇五頁），直到你確認周遭的環境已經恢復到可以開始用功唸書的平靜程度為止（也就是變回你的學習天堂）。有人可能會覺得坐在人來人往的咖啡店裡最安全也最平靜，有人則可能比較喜歡待在像是家裡這類熟悉的環境中。

有時候，當我們無論如何努力都無法專心時，或許可以試試切換不同環境的方式，比方說，花四十分鐘在你的學習天堂裡用功，然後走路去咖啡廳，花四十分鐘一邊喝咖啡一邊唸書，接著再走路去圖書館，繼續花四十分鐘在那裡用功唸書。

每當芭比有很重要的功課要準備時，她喜歡帶著筆電到圖書館去，找一個安靜的角落，沒人注意到她，而且一點聲音都沒有。菲比喜歡把她唸書時需要的所有東西全部收拾好，帶到大學圖書館裡一間安靜的讀書室裡，一個人躲起來。而蘇則在長途火車上的工作效果最好，又或是一大清早在還沒有人來之前，就自己先進辦公室工作。對於在哪個地方感覺最安全也最能專心，每個人都有不同的偏好。有些人待在一個固定的場所效果會比較好，有些人則是需要在短時間內轉換各種不同地點，才能維持他們的專注力。

記得要適度休息

定時休息是很重要的事。我們都不希望打斷專心工作時的「節奏」，但一定要記得中間得站起來走走，補充足夠的水分並吃點健康的零食（偶爾也要吃一些含有鹽分和糖分的點心），這能夠幫助你維持較長時間在同一個狀態中，不至於在書桌前睡著，或是突然間怒火攻心。在一個可以看得到樹木，甚至可以開門出去散散步的地方，也很有幫助。小睡片刻同樣也可以讓人更有產能，不過不能超過三十分鐘，而且要在下午三點之前才行，這樣才不會影響正常睡眠時間（不過這要看你平常的睡眠時間是幾點，說不定下午三點小睡對你來說很剛好！）

運用手邊的科技

手機和APP是非常棒的工具，最簡單的是只要在手機上設定提醒，你就會知道又過了四十分鐘，以及在這個時段裡應該要做什麼事（或許也可以在提醒中加上一句鼓勵的話或是一個笑話，讓你可以繼續努力下去）。另外也有功能更複雜的唸書專用APP。如果沒辦法去上課或是不太會寫筆記，手機是個用來聽或錄上課內容及教材的好工具，現在許多科目都有線上教材和課程，觀看的時候可以暫停或是往回倒轉。

現在也有很多APP可以幫助提醒你休息時間到了、接下來該唸的主題是什麼，甚至如果有助於記憶並理解的話，也有APP可以幫你把課文大聲朗讀出來，只要坐著，在腦子裡將內容視覺化就好。還有APP可以幫忙把「應做事項清單」的優先順序排好，甚至可以視情況將之分享給學習群組或夥伴。有些APP還會在用功時間結束之前，禁止人們使用任何APP。

淨化呼吸法

- 用舒服的姿勢坐下或躺下來。
- 閉上眼睛，或是在房間裡找一個位置，讓你可以把視線焦點放空。
- 把一隻手放在肚子上，或者兩手一起也可以。
- 慢慢地吸氣，看著腹部隨著吸氣而鼓起。然後慢慢地吐氣，同樣地，看著腹部隨著變平。
- 注意呼吸的節奏，緩緩地讓它變得更慢、更深，直到這樣的節奏讓你感覺既舒適又寬心。
- 每個人感到舒服和放鬆的呼吸模式略有不同，所以你可以嘗試各種不同方式，直到找到能幫助你放鬆的那一種。

運動也必不可缺

研究清楚地顯示，一週四或五天，每天三十分鐘的運動，能夠幫助改善執行功能以及專注力。特別像是瑜伽就可以幫助我們專注在自己的身體上，並讓我們坦然接受自己的各種想法和念頭。同樣地，確認在學習時間表上另外保留了運動的時段，並且設定實際可行的目標，例如，如果目前沒有在進行任何體能活動，那就設定從簡短的散步開始做起就好。你可不想再多製造另一種焦慮！

喝口含糖（但要少糖的）飲料

我們需要能量才能持續運作，所以啜飲一口蘋果汁（而不是牛飲），可以幫助我們將體內的葡萄糖維持在足夠大腦運作的濃度。可樂或其他高含糖飲料可能會讓糖分過量，但在讀書的這段時間裡慢慢地喝些新鮮果汁，會對你很有幫助（而且甜食也可以讓心情穩定平靜下來）。

讀書及複習的絕佳小技巧

為了考試而讀書其實跟平常唸書並沒有太大的不同，但大家都會覺得考試的壓力比較大，所以這裡有些你可以試試看的方法：

- 用大量視覺方式來呈現：閃示卡、便利貼、心智圖（這些都有APP）。發揮你的創意，不要用長長的表單或文句，因為這會讓你很難專注。蘇西把她唸書時做的筆記寫在「海報紙」上，然後張貼在家裡的牆壁上，這樣她在家裡走來走去的時候，隨處都能夠讀到這些筆記。布麗迪則是喜歡用小張的彩色卡片，這樣她可以隨身帶著，有空時就拿出來快速翻看。
- 不要在考試的前一晚熬夜苦讀。拒絕逃避。確定你把該準備的考試內容平均分配在考試前的一個禮拜讀完，一個晚上用功一小時（或是兩個四十分鐘），會比在考試前一晚一口氣讀四個小時來得好多了。
- 讀書要主動出擊。如果你只是被動地讀筆記，那麼你會發現自己的憂慮或負面想法比較容易會跑出來，進而阻礙你。研究顯示，為考試做練習和模擬會比只是被動地讀書有效很多。你可以先翻一遍筆記，跟同學討論，去找過去的小考或隨堂考試的題目來看，然後再跟課程導師討論。你會發現這樣做比較容易維持注意力，也比較容易學習，因為你是主動地在為考試做準備，仔細去思考你需要知道什麼或是回答什麼問題，而不只是被動地讀筆記的內容。非比曾經為她的英文考試非常緊張，所以她不斷地糾纏老師，請他們給她額外的作業。雖然她也擔心自己這樣做會讓老師覺得很煩，但老師很高興看到有同學這麼認真想學習，而這樣的回應也幫助她增加了自信心，並在期末的考試拿到了好成績。

・在睡前快速地複習一遍。把你在讀書時所學到的重點做成條列式表單，然後在睡前複習一遍。這並不是要你在睡前讀書，只是把學到的重點讀一遍，讓它們能在你腦子裡的印象更深刻。

一位大學講師及科任老師的建議：莎莉・里托

展開大學求學生涯將會是一段經歷重大改變與動盪的時期。無論你是不是有生以來第一次從家裡搬出來獨自生活，在遇見新朋友、展開新友誼、培養新的生活技能之餘，還要再加上獨立生活這種全新型態的壓力，在在都會讓鞭策自我學習這件事變得更令人氣餒，即便對超有自信的人來說都是如此。會在剛開始進入大學以及整個求學過程中感到焦慮，這是非常正常的狀況，特別是在壓力大的時候，無論這些壓力是來自個人或課業因素（像是要解決戀愛及家人的問題，或是要考量作業繳交期限和進行簡報等等）。

有很多飽受焦慮之苦的大學生因為從童年時期就開始面對這些問題，因此，他們知道什麼事情會觸發焦慮發生，也知道自己可以用哪些適應方式及行為策略來幫助自己處理焦慮。然而，很重要的的一點是，不要將這些感覺內化，變成自己一個人去承擔面對。身為大學講師及科任老師，我強烈建議我的學生在痛苦煩惱的時候，向外尋求幫助和支持。這時候，老師和學生輔導專員就能從專業人士的角度來協助，安排其他能夠替代考試的作法，或用其他方式來進行成績的評量。

學生會焦慮是常見的事，也因為如此，許多學院和大學都有提供非常好的心理健康支援與諮詢服務。在挑選你所想進入的學院和大學時，除了考量這所學校的講師是否友善容易親近、課堂教學的規模大小，及其師生比是否能夠接受之外，也務必要評估該校所提供的學生支援是否完善。小班教學、較低的師生比，以及友善易親近的講師，通常也代表師生之間的關係會更加緊密，老師能夠給予的支援也會較多。舉例來說，我在第一年第一學期結束時，就已經記住了所有學生的名字，而且許多學生在痛苦並需要他人支援的時候，第一個打電話的對象就是我。

對某些學生來說，光是想到自己得坐下來開始讀書就會引發焦慮，進而對個人的信心與專注力造成影響。在這種情況下，自由寫作（freewriting）可能會對你有所幫助。自由寫作的方式是，在一段固定的時間內持續不斷地書寫，完全不用考慮拼字或文法是否正確。最後很可能完全不會用到你寫出來的內容，但這是個刺激思考很好的方式，可以打破你心中的藩籬，開始把想到的東西全部寫下來。這也能幫助你將作業打散成不同的部分，你可以獨立進行每一個部分，最後再把這些部分組合起來進行統整。這也會讓這份作業感覺起來更容易處理。

有時候，順利修完所有課程然後拿到文憑，看起來好像是件遙不可及的事。試著讓自己一次只專注完成一件事情就好，因為通常只要一個念頭變成了遠大的目標（例如取得學位），焦慮就會發作，而這會讓你連一件小事都做不了。

進入大學求學後，你會因為要參與某些活動而不得不走出你的舒適圈，同時也會發現有些課程十分困難。然而，體驗嶄新且不同的狀況並成功度過之後，你就能夠學會如何處理自己的焦慮。當我們面對令人害怕的事情時，它們會變得越來越沒那麼可怕。第一次站在一大群人面前進行簡報是很恐怖的事，一旦你習慣了，就會變得越來越簡單。所以，要預期接下來將出現各種挑戰，但也要明白這是成長的一部分，而你也會因此獲得信心和各種能力。

搬離熟悉的家中，會發生什麼事？

轉變是個令人興奮的開始，
但也可能是令人畏懼或不舒服的結束。

搬進屬於自己的空間，是成年後所要面對的最大轉變之一。

自己離家獨立生活後，
常因為生活的基本模式和常規改變而壓力倍增。

讓其他人知道你對於要搬家這件事感到十分掙扎。

這個篇章可能有很多人不需要讀，因為我們知道，隨著房租和房價節節高升，讓很多人都負擔不起，現在要搬離家裡是越來越困難了。但搬進屬於自己的空間，是成年後所要面對的最大轉變之一，無論你只是搬到離家一條街遠的地方，或是搬去更遠的學生宿舍，甚至是出國留學或工作。我們在此提供了一些面對這個轉變的好用小技巧（同樣也可以用在你可能會經歷到的其他重大轉變上）。

不要逃避也不要忽視

轉變是個令人興奮的開始，但也可能是令人畏懼或不舒服的結束，代表你得去面對分離和失去。

學習處理轉變，尤其是關於結束的轉變，是人生非常重要的技巧。在學校裡通常會有畢業典禮或舞會，這些都是關於結束的重要標記，讓我們能夠道別，並幫助我們邁向人生的下一個階段。

成年後，你會發現有許多人會逃避向他人說再見，舉例來說，有人在即將離職之際辦了一個聚會，這時一定會有一兩位同事突然之間開始頭痛，或是必須趕回家處理一件刻不容緩的急事。你可能也會發現，有人會在自己執勤或上班的最後一天選擇缺席，就只為了不要說再見。

布麗迪最近剛換了新工作，她百般不願意出席自己的送別午餐會，但她並沒有逃避，這就證明現在的她確定是個能夠調適自如的大人了。而且她也不覺得送別午餐會有什麼不好的地方。

有些人會想盡一切辦法逃避說再見，他們多年來始終做著同一份工作，跟同一群朋友在一起，打死都不願意有所轉變，去展開新的生活。緊抓著所知的事物不放，感覺起來會安全許多。但如果你學會用自己的方式去體認了並處理結束的痛苦以及新開始的焦慮，那麼就會擁有終生受用的重要能力。

讓自己做好準備

當轉變來臨時，不一定每次都能有做準備的餘裕。人生中會有一些突如其來的變化，所以在面對這種狀況的同時，還必須處理自己受到驚擾的情緒。不過，如果狀況是要從家裡搬出來，通常會有充足的時間來做準備，所以儘量把握這樣的時間會對你很有幫助。如果我們為此感到焦慮，很可能就會想要把頭埋進沙子裡，假裝沒有這件事，把所有事情留到最後一刻再說。

想要忽略該做的事是很正常的反應，但通常沒有什麼幫助，因為這代表了你可能會拖到最後一刻才去處理。坐下來把所有該做的事情都列出來，安排好什麼時候該完成，以及該用什麼方式來處理（或是找其他人來幫你處理），這麼做可以減輕你的壓力。

搬離原本的住所之所以會讓人有很深的無力感，是因為有許多實際上的變化，舉例來說，從此以後得自己打理生活並負擔家計；或者是搬到了一個全新的城鎮；又或者很擔心自己會失去目前這樣的家庭生活所給你的情感支持。當我們離開原本的地方去工作或求學，經常會激發一種一切都將改變的感覺。這樣的改變可能是交了新朋友、生活方式變得不同，還有必須結束目前的工作或學校生活。

我們建議你盡可能讓自己準備好面對這些改變，首先第一步就是做好現實上的準備（例如找好接下來要住的地方），接下來就是盡可能多瞭解你將要搬去的地方，如果距離不算太遠的話，就實地去探訪一下。先調查即將要前往工作和生活的地方是個好開始，最好還能夠去找找之後你採買食物及生活用品的地方、去登記家庭醫師的地方，還有其他各種實際生活所需的場所，盡可能讓自己感覺做好了準備，讓這個新住所感覺不那麼陌生。

艾迪的經驗談

我在十八歲時搬進了自己的房子裡開始獨立生活，但不幸的是在情感上和實際上都沒有做好準備。

我在公寓的封閉環境中感到百無聊賴且寂寞，我不想出門、不知道怎麼搭乘公共運輸系統，在我感到沮喪難過時也不知道可以找誰傾訴，這一切導致我的心理狀況快速惡化。

我覺得自己身邊完全沒有可以依靠的人，而且也沒有同住的家人或室友。我完全不跟任何人來往，這樣的狀況再加上經歷了一些情緒上的困擾，我累積了非常多的負面能量。我發現自己沒辦法去像是超市這類的公共場所，因為當有人在這些地方跟我講話、向我問好，甚至是和我有眼神接觸時，都會讓我感到焦慮不已。只要可以，我一定會去自助結帳櫃檯，這樣就能避免和其他人互動。

後來，我終於接受了幫助，把我的負面能量做了一番整理。我加入了一個組織，在那裡，他們教我一些處理焦慮感以及情緒問題的新技巧，好讓這些感覺不再那麼難以忍受。我的協助者給了我一些功課，像是去我家附近超市時找有收銀人員的櫃檯結帳，而且她還介紹我在組織裡擔任志工，這也讓我有了許多需要人際交流的情況。這些事一開始都很困難，但現在已經簡單多了。我發現，現在的我已經可以和別人有眼神接觸了，不過還是感覺不太自在就是了。

現在焦慮還是會發作，有些日子我還是不想跟任何人說話，但這種狀況已經沒有那麼常發生了。如果感覺到無法忍受，有時候會去找專業人員，告訴他們我的感受。

現在比較不會想躲起來，也很努力試著讓自己有事情可做。我現在很清楚自己的感覺，也知道什麼事情會讓我感到焦慮，所以我會努力去做一些提振精神的事情，或是刻意讓自己身處會引發焦慮的狀況裡，這樣才能向自己證明我做得到。

跟他人分享自己的擔憂

跟對自己很重要的人傾訴所有即將發生的轉變，並清楚說出憂慮和可能的問題，通常是個好辦法，如此一來就能夠有所行動。如果覺得沒有人可以讓你依靠，可以尋求專業機構的協助。

建立生活模式與常規

經歷轉變時，很可能會失去熟悉的日常規律，而改變了生活模式及忽略了原本的日常規律，這會讓我們在壓力出現時，加倍感到自己即將失控。忽視生活中最基本的事情，像是晚上睡個好覺，吃一頓營養均衡的餐食，對事情一點都沒有幫助。保持規律的吃飯和睡覺時間，並且盡可能接近平時的「正常」規律，這類簡單的事是個很好的開始，能夠幫助你把自己照顧好。此外，務必要留一點時間給自己，去做一些可以感覺平靜和放鬆的事，這一點非常重要，無論是聽音樂、打電話給你愛的人聊聊天，或是去散步都可以。

或許，你很期待把過去家人強制要求的生活常規拋在腦後，而且可能會覺得那樣的規矩很可笑。那麼，你應該花點時間好好想想希望自己的新生活需要什麼常規，並確保將那些能夠幫助自己放鬆、維持平靜的事情納入其中，同時也讓生活保有某種程度的一致性。很多人表示，自己在離家獨立生活之後，常會因為缺少了生活的基本模式和常規，而讓壓力倍增。

別離前想辦法與過去和解

當你要和某些人分離，可能再也不會碰面時，看起來最簡單的作法就是忘記你與他們之間有什麼紛爭。如果接下來可能要面對的是一場衝突火爆的對談場面，大家都會傾向於逃避；但是，如果有件事情讓你很生氣，又或者可能惹得某人很生氣，那麼，在別離之前想辦法和解，並試著讓誤會冰釋。

這可能會是一場很不輕鬆的談話，但如果能夠去面對，而不是把它放在心裡跟著你離開，就能將這件事了結或是重新開始，心中很清楚知道自己已經盡了一切努力，希望讓事情有個好結果，不要留下任何未解的遺憾。你可以把這想成是讓自己「曝露」在恐懼的狀況中，但同時也是個機會，看看預期會發生的事情最後究竟有沒有發生。

或許，結果並不如你所願，但這麼做的好處是能幫著瞭解自己處理困難狀況的能力有多好。同樣地，如果你是個容易焦慮、很難對過去釋懷的人，會把這些過去的種種當成是「證據」，證明自己是個壞人，那麼，想辦法去化解任何一件在你心中過不去的事，同樣也能夠幫助你平衡這樣的想法，並且用更正面的角度來看過去發生的事情。

哈利的經驗談

我所感受到的恐懼如此真實，它成了我的主宰。

對我來說，改變是個非常巨大的障礙，也可以說是個重擔。搬去新學校、遇見一大票新面孔、離開我才剛開始熟悉的人。我從來都不想自己一個人生活，而當我開始獨立生活之後，焦慮也倍增。幾年之後，我要去大學唸書了。就在要去上大學的九天前，我的腦袋一片混亂，我開始大哭，對身旁所有人大發脾氣，壓力大到自己無法呼吸。

我想這是焦慮在作怪。每當這種情況發生我就會無法呼吸，心跳加速狂跳，完全吃不下飯，思緒紛雜紊亂。平常我不太哭，但當我焦慮的時候，我會哭個不停。在我要去上大學之前，情況就是如此。我跟所有人說我不想去上大學了。每個人都跟我說一樣的話：「你一定要去，你會有很好的表現。大學生活很有趣的。」但是他們根本不懂，我完全不想要自己一個人生活。我不想跟任何人說話，也不想要社交，雖然我確實是有和一個人交朋友，但那是因為我喜歡她。

除了我以外的所有人都很興奮，但是要去上大學的又不是他們，所以他們根本不懂。我什麼都不想做。我想放棄一切，這樣就不用再擔心了。我覺得這一切很可笑，自己就要和所有一切、所有人分開了。我得學會如何因應這種狀況，以及隨之而來的生活。我的心理受到很大的折磨，而且覺得當時的自己根本沒辦法去上大學了。

不過，幸好我跟幾位家人朋友說了自己的狀況，還找了一個週末離開家裡稍微喘口氣，他們都叫我不要放棄，他們會想辦法幫忙，找間適合的房子讓我住之類的。幸運的事，有人願意提供一間房間給我，雖然跟我之前住的地方很不一樣，但我還是接受了，這樣就可以解決住的問題。

我用過很多種不同的抗焦慮技巧，也會花很長的時間去散步，在過程中讓自己的頭腦更清楚，並且暫時離開所有人事物；對我帶來了非常大的幫助。雖然現在的我還是會有情緒的波動，不過讓自己保持忙碌並有個可以專注的目標會很有用。畢竟，無論如何都還是得認識新朋友，還是會碰上新的狀況和挑戰、搬新家、開始另一段求學經歷等等。我仍然會變得非常焦慮，擔心自己無法成功。因此，還是得更努力提醒自己，一次能前進一步就很好了。

好好說再見

我們這裡說的「再見」，不只是在你走出大門時喊一句：「掰啦！」希望階段轉換能成功，好好說再見並讓所有事情劃下美好的句點很重要。說再見很困難，也讓人很難過，但說再見也同樣可以是個值得歡慶的時機。這是個機會，讓大家知道他們對你很重要，也讓人生中這個篇章的完結別有意義。如果要當面告訴某人他們對你意義非凡、從以前到現在給了你無數的幫助和鼓勵，那麼，可以寫封信或是卡片，這也是另外一個讓他們知道你心意的方式。

請記住，跟其他人一起規劃道別儀式，否則很有可能這件事到最後會不了了之。你可以規劃一場大型派對，邀請很多重要的人來參加，也可以找他們一起去喝杯咖啡，或是一起散步回家。就如同我們前面所說的，結束可能會讓人非常難受，但它們也是向前邁進很重要的一部分。在離開前和心愛的家人朋友一起拍幾張合照（可以把這些照片放在新家或新的住處），並且確認自己有留下保持聯繫的方式。

規劃下次回來的時間，而如果你要前往的地方很遙遠，那就先想想下次重逢的場面。有時候說再見比較像是個人的心理過程，為的是讓自己能對這次的結束釋懷，反而不是與他人之間的溝通。發揮創意，再去你最喜歡的地方走走，拍些照片，然後把它們做成照片集錦，或是把過程寫成日記。

試著尋求支援

讓其他人知道你正為了要離開而感到苦惱不已（也可能同時感覺到興奮）。不要以為他們知道你有什麼感覺（要記得，前面曾提過揣測他人心思是焦慮思考的陷阱之一！）所有人在痛苦不堪時，都會需要別人的幫助。有些家人可能會因為你要離開而感到難過，有些家人則可能很羨慕你有離開的機會，特別是年輕的弟弟妹妹們！

敞開心房和他們聊聊，並把自己所擔心的事情跟他們分享，這麼做可以讓問題更容易解決，同時也能幫助你發現自己與那些即將分離的人之間，有著更加緊密的連結。如果你是個不習慣向外求助的人，那麼得好好想想該如何進行此事，以及該對別人說些什麼。如果家人也因為你即將要離開而感到苦惱，在這種情況下無法向他們求援，那麼，可以想想另外還有哪些人讓你覺得可以放心地談這件事，並能安心地接受他們的支持。

給自己一些時間

當我們在迎接新事物時會感到焦慮不安（同時也會覺得興奮期待），這是再正常不過的反應了，而從家裡搬出來自立生活，對所有人都是非常大的改變，同時也是個全新開始。即使知道或許很快就會再跟這些人見面，但道別仍會讓我們感到難過是很正常的。對自己好一點。

要注意別過度自責，同時記得運用本書裡的方法來幫助自己充滿正念、放輕鬆，並安撫自己度過這一段可能會相當難熬的時期。

面對轉變的小技巧

- 做好準備！正面迎擊擔憂，盡可能讓自己先想好接下來會出現什麼狀況。
- 找信任的人聊聊你的感受。
- 盡可能讓你的生活常規維持「正常」。
- 好好道別，只要有可能，就去化解過去的傷痛。
- 善待自己。

艾倫的經驗談

我在收到大學入學通知時欣喜若狂；多年來的努力終於成就了這一刻，而我對即將展開的未來充滿了高度期待。當時有些朋友已經進了大學，而他們經常被標注在社群網站上，看起來總是玩得很開心的模樣——我也想要跟他們一樣，不能被比下去。我迫不及待地跑去買了我所就讀的大學的新鮮人手環，而就在我把所有生活必需品都採買完畢後，就出發去上大學了。

在我成為新鮮人的第一週，完全無法預期的焦慮朝我猛烈撲來，讓我措手不及。離開家後，我跟二十個陌生人住在一起（所有人都住在同一層樓！），而他們看起來彼此相處融洽，至少都比跟我相處得好。我的大腦開始不停地轉動，幾乎要超載，以至於大部分時間都待在自己的房裡；有一度覺得自己需要去醫院，因為伴隨著焦慮而來的生理病徵已經嚴重到需要看醫生了。我感到非常失望，覺得自己好像錯過了人生中「最精采的第一週」，就像別人跟我說的那樣。

我非常努力地克服了許多高牆與困難，才能進入大學就讀，為什麼這會變成如此大的挑戰？這一切新鮮到讓我極度不適——我知道自己需要幫助。所以我做的第一件事就是告訴在家鄉的家人和朋友目前的感受，同時尋求他們的支持。我的許多朋友都跟我說，他們在剛進大學的第一週也有同樣的感受（到某種程度），他們鼓勵我走出自己的房間，跟我的室友們交朋友。結果，室友們也有同樣的感受……我在某天晚上大家一起出門的時候，跟其中一位室友提起了這件事，結果就像骨牌效應一般，其他幾個人也都說他們並不覺得在大學的第一週很美好，而且他們很想家。

一方面，知道並非只有我在第一週出現了負面情緒，讓我安心許多，但另一方面，為什麼都沒有人談論這種狀況呢？

我們需要有人強調這件事：並非所有人都能在進入大學的第一週擁有美好時光，而且在剛進大學的前幾週，大多數人都會在某種程度上出現負面情緒。一個剛剛開啟人生新頁的年輕人必須承受許多壓力，然而大家卻都叫你要盡情享受，有時候甚至覺得自己不被允許出現焦慮感。但是，感到不開心真的沒有關係。就在發現自己不是唯一一個處在這種狀況中的人之後，我的孤立感和焦慮思緒都大大地平靜了下來，也慢慢開始能夠享受大學生活了。

現在我的大學生活已經進入最後一年了，儘管一開始的我非常驚嚇不安，但後來我仍是度過了一段非常充實的大學生活。

對於正要展開大學生涯的人，最重點的建議就是，要記得故鄉還有許多關心你的人，他們都是你的奧援——千萬不要忘了這一點！經常跟他們保持聯絡，只要你需要的時候就找他們聊聊，不一定要等到你痛苦不堪的時候才這麼做。

同時也要記得，如果你很困擾於不知該如何和你現在同住的人交朋友，一定會有其他適合你的朋友群，可能是課堂上的同學，或是社團裡的人——大學是個很大的地方，盡量利用吧！不要讓焦慮定義你，學著去處理，而如果你正痛苦掙扎於適應眼前的狀況，絕對不要害怕向他人尋求幫助。

如何通過工作面試，並在職場上表現出色？

”
在面試前感到焦慮完全是件正常的事。
記住，面試你的人最感興趣的是能夠多瞭解你這個人。

”
穿著要得體──第一印象很重要！
一間好公司會花時間告訴你為什麼你應該加入他們。

在大學畢業後的接下來幾年之間，你應該會經歷許多次的面試，無論是要找工作，或是再繼續深造。在面試前感到焦慮完全是件正常的——就算是表現非常優秀的人也一樣會覺得緊張。一般大家會感到擔憂的事情有這幾類：

1. 擔心被人評斷，或是被認為「不夠好」。
2. 擔心自己在面試時做出什麼蠢事。
3. 沒辦法好好說話，或是忘記該說的話。
4. 失敗或被拒絕。
5. 完美主義（如果我不能回答出最完美的答案，那就是失敗）。

在這裡將會列出幾個面試的重點技巧，並告訴你該如何處理過程中的焦慮。

好好照顧自己

在這裡我們不斷強調好好照顧自己的重要性，不過，尤其是在經歷像是面試這樣龐大的壓力期間，照顧好自己特別重要。如果可以在面試的前一個晚上睡個好覺，早上能夠吃頓豐富的早餐（如果不能吃得太飽的話，可以吃一些小點心），那麼，這就是你可以在面試前做的最好準備。能做到這一點代表身體和大腦都會好好運作，幫助你度過面試這一關。也可以做些事情幫助身體放鬆，前一晚早點上床睡覺、洗個紓壓的泡泡浴，或是去散步或跑步。

穿著感覺自在舒適的衣服

讓自己看起來很聰明通常會是個好主意（依照所進行的面試種類而定），但是最好的方法是找到一套穿起來覺得自在舒服的衣服，之前就已經穿過的會很不錯。把衣服準備好之後，在前一晚先拿出來燙平掛好，這麼做能幫助你感到平靜且完備。穿著越舒適，就會越有自信，也更有把握。

感覺越自在，你在面試官面前就看起來越是充滿自信。布麗迪曾有一次穿了一雙美麗的新鞋去面試，而這雙鞋的鞋跟也還蠻高的，到了面試的地方才發現，穿著那雙鞋根本沒辦法走路。意思就是說，在走進辦公室時差點整個人摔翻（所以她得用手抓著門），而且面試完還得一路咬牙忍著痛走出來。

記住，這不過是一場面試而已

通常大家都會在面試過程中給自己很大的壓力，以至於認為這是自己唯一能夠成功的機會。事實完全不是如此。那不過是一場面試而已，是人生中可能會經歷的數百場面試之一。千萬記住，那些面試你的人最感興趣的是能夠多瞭解你這個人。可以利用這段時間告訴他們關於你的工作、興趣、最驕傲的事情。目的只是想要看看你適不適合這個職位以及他們的團隊。

記住，面試官也只不過是普通人

好了，現在你剛走進了面試的辦公室裡，有四位穿著畢挺套裝、漂亮鞋子的人直視著你。你覺得自己開始冒汗，整個人抖到不行。雖然我們經常會對面試官懷抱著擔憂的心情，但往往他們也跟我們一樣焦慮，有時候甚至比我們更焦慮。

在我們眼裡，他們可能像是怪獸，但事實上他們也只是普通人而已，一定懂你的焦慮，因為他們自己也曾經歷過。如果你需要一分鐘來思考你的回答，或是希望他們能夠重複一遍問題，他們一定能夠理解。

充分展現熱誠

如果你真的很想要這份工作，就讓面試官知道這一點。你可以先去他們的網站上瞭解一下，找出他們個人的興趣所在（我們並不建議你在社群媒體上偷偷追蹤他們，但是先研究一下他們這個工作領域的相關內容，以及與工作相關的興趣會很有幫助）。告訴他們為什麼你很想要這份工作，以及為什麼對他們公司有興趣。此外，與他人連結最好的方法就是對他們表示興趣。所以，認真聆聽面試官說的話，表現出你的投入。

可以試著請對方說明

面試官不太可能會想要故意讓你出糗。如果他們真的這麼做，你大概也不會想要進這間公司工作吧？所以，你可以請對方把問題說明清楚，或是要求他們提供公司團隊的資訊，以及這份工作相關的內容為何。

深呼吸一口氣

你可以花個一分鐘讓自己的情緒穩定下來。稍微暫停一下，或是深呼吸一兩口氣，讓自己覺得舒服一些。又或者可以在回答問題前先喝一口水（通常面試時對方都會準備水，如果沒有的話，也可以請他們提供）。

把身體貼靠在椅子上，雙腳平放在地上。注意自己的呼吸——要確定自己有在呼吸（有時候感到焦慮時，可能會忘記要呼吸），還有，呼吸要緩慢且平穩。放鬆肩膀，確定自己沒有太僵硬，這麼做也會讓胸膛展開，幫助你感覺平靜，看起來也更有自信。

練習，但也不要太過頭

想像和實地演練會很有幫助。這包括了跟朋友一起模擬一場面試（通常在認識的人面前進行面試會更緊張，意思也就是說，你在正式面試時會做得很好！），想像自己在回答那些面試的問題，或是在鏡子前面練習。

但很重要的，不要練習過度。通常最好的方式就是準備好幾個關鍵問題的答案就好，而不要準備一整篇的講稿，因為這樣做到時候會聽起來很不自然，而且可能沒有回答到面試官實際上問的問題（如果對方的問題跟你準備的答案有些許出入的話）。如果能靠臨場反應及現場思考來回答問題，你的表現將會更加出色。

一切都要看合不合適

面試是個雙方互相評估的過程。面試官會考慮你是否適合這個職位以及他們的公司團隊，而同樣重要的是，你也必須思考這是不是份適合的工作或是正確的職涯路線。針對這個職位的角色以及公司的團隊提出問題是件好事，這麼做不但可以展現你的興趣，也讓對方知道你想要瞭解更多，同時也看看對於他們提供的條件你是否滿意。

安排面試後給自己的獎賞

有件引頸期盼的事情總是讓人非常開心，所以安排在面試後給自己一點獎賞，也會有助於專心在面試上。比方像是，只要再一個小時之後我就解脫了，然後就可以去找朋友、吃掉那塊巧克力蛋糕、踢足球、看最愛的電影或電視節目。

專家的建議

蘇詢問了一家小型醫療保健公司的管理者及其人資主管，他們對於面試時會感到焦慮的人有什麼樣的看法，以下是他們的回覆。

你們在面試的時候，希望看到的是什麼？

管理者：主要是這個人是否夠坦率（對於自己是否夠瞭解——清楚知道他們自己的能力到哪裡，以及他們還需要努力的地方是什麼），還有對他人夠不夠坦誠（是否具有流暢的溝通能力、願意在某種程度上展現出自己的弱點何在——也就是能否坦白說自己不知道），以及願意適當地與人分享、願意學習（擁有學習以及更加瞭解自己、他人與自身工作的金望）。

絕大多數的「工作技能」或任務都可以在適當的引導之下很快地學會，但社交與溝通的技巧，以及瞭解他人並保有開放的心胸這部分，卻沒有那麼容易，而且需要較長時間來培養。其他重要的特質還有誠實、人品以及重視工作倫理。我們也會看這個人是否有我們不想要的特質。我們不想要一個完美無瑕、過度自信，或傲慢自大的人。

人資主管：我們會看好幾個地方。條件是個人特質，例如像是個性溫暖、友善，與人會有眼神交流；工作能力是否符合該職位；是否具有回答問題的技巧和知識；適不適合我們的工作團隊；想要應徵這份工作的動機和理由為何等等。

如果有人來面試的時候看起來很焦慮，你會怎麼想？

管理者：老實說，我覺得這是很正常的事。如果這個人不焦慮，我才會覺得很不尋常——而且這也代表了你並沒有很想要這份工作，因為對於自己能不能應徵上這份工作一點都不緊張，所以很可能你覺得這件事不是很重要吧。我寧願應徵者看起來很焦慮，而不是過度自信。我希望隨著面試的進行，他們會慢慢開始放鬆。

人資主管：我會期待應徵者有某種程度的緊張感。而且不認為這樣有什麼不好；事實上，今天我就面試了一位應徵者，雖然這位先生已經三十好幾了，但他只做過兩份工作，而且很難從他身上問出相關的資訊，所以稍微給了他一點壓力。這才知道他很緊張，而且在面試技巧方面並沒有太多經驗。所以下個禮拜會再跟他進行第二次面試。

你自己過去也曾經在面試中感到焦慮不安嗎？

管理者：是的，有很多次。事實上，我想應該是每一次都很焦慮不安。我越是想要這份工作，就會越焦慮。至於這對我有什麼影響——每當感到焦慮時，就會覺得自己生病了，而且我的思緒會變得紛亂不清，無法跟別人把事情說明清楚。有些時候甚至口乾舌燥、雙手冒汗呢！

從正面的角度來看，我覺得自己變得焦慮正是在告訴我這件事有多重要，同時也幫助我表現得更好，只要自己別被焦慮控制就好。現在的我很清楚這件事，所以會試著在事前先留一點時間來處理這個情緒。我可能會做些放鬆的運動，同時讓自己專注在呼吸上。通常會在事前先跟其他人聊聊，從他們身上獲取正面話語來提高信心！我也會事先確保自己做了一些準備，不過，我會很小心不要過度準備，因為那樣反而會更焦慮。

我做過最重要，而且看起來也是最成功的一件事情就是：在跟面試官打過招呼之後，讓他們知道我很焦慮。我會說類似這樣的話：「我對這次的面試有點緊張，這可能是因為我真的很想要這份工作！」大部分人在聽完之後，都會試著讓你感覺比較自在一些。

人資主管：我每次都很緊張，因為我很在意這份工作以及我的職涯發展，所以我認為緊張沒有什麼關係。我發現自己的思緒會枯竭，心跳也會加速。為了克服這個狀況，我會提醒自己，感覺緊張沒有什麼關係，然後會做幾次深呼吸，試著對自己說：「要對不自在這件事感到自在。」

有沒有什麼建議想提供給參加面試的人呢？

管理者：真誠地做你自己——有些人會試著假裝，但這很容易被看破。事前好好準備，對這間公司以及他們的業務做一些研究調查——上網通常會是個好方法！不過，不要過度準備——事情該是如何就會如何。穿著要得體——第一印象很重要！隨時展現出你有多麼想獲得這份工作——熱烈談論自己想法的人總是會表現得很出色。願意坦白說明自己做得到以及做不到什麼事。要有好奇心（這顯示你很主動）；如果有機會，一定要發問關於這個職位的問題。

人資主管：給自己充足的時間前往面試地點；寧願早到很多，也不要遲到個五分鐘。如果有機會，可以在公司裡隨意走走，看看各個部門的位置何在。練習要說的話，而且練習的時候要大聲說出來，而且要多練習幾次。

公司通常會問以下這些問題：

1. 你之前曾經參與過團隊工作嗎？
2. 你之前曾經在有壓力狀況下工作嗎？
3. 你之前曾經處理過難搞的客戶嗎？
4. 請說一件你覺得很自豪的事。
5. 你覺得目前工作最棒的部分是什麼？
6. 你最不喜歡的部分又是什麼？
7. 你的職涯規劃為何？
8. 你為什麼會有興趣來應徵這份工作？
9. 你對我們公司有什麼瞭解？

確保對自己的履歷倒背如流，雖然這聽起來很蠢，但你必須要對自己的履歷瞭若指掌。記住要盡可能地多瞭解這間公司，這樣才能夠在面試結束前問出一些好問題，比方像是：

1. 請問這個團隊有多少人？
2. 請問公司未來的發展方向是什麼？
3. 有多少人來面試這個職缺？
4. 我大概什麼時候可以收到你們的決定？
5. 你們喜歡在這家公司工作最大的原因是什麼？
6. 這家公司最棒的地方是什麼？
7. 還有另一個很勇敢的問題是：你們覺得我今天的表現如何？

如果能事先練習該怎麼回答，就不會在對方問這些問題的時候忽然間腦中一片空白。

對於那些面試時感到焦慮的人，有沒有什麼應對的好方法呢？

管理者：焦慮是很正常的事。告訴面試官你很緊張。仔細想想——這些面試官也只是普通人，不是什麼怪獸；他們也和其他人一樣，有自己的生活、恐懼和憂慮——而且他們自己也曾經被別人面試過。

人資主管：多留一點時間讓自己不會遲到，這樣就不會增加不必要的壓力。要記住，他們跟你一樣都是普通人。練習你要說的話——大聲地說出來。先去瞭解這間公司，準備幾個你可以發問的問題。

緊張沒有關係，面試並不是單向的，要記得，這家公司也同時在向你推銷這份工作。一家好公司會花時間告訴你為什麼你要加入他們。最後，把每一次面試都當作一個學習的機會。經驗越多，它就會變得越簡單。所以，把每次面試當作一個練習技巧的機會，而不要把它看成是非黑即白，或者沒有通過就是失敗。

大家都在職場中遇到哪些狀況？

如果我們在家裡會感到焦慮，那麼通常這份焦慮很可能也會蔓延到工作中。

你越常練習可能會發生的狀況，就越容易解決問題，也就比較不會焦慮了。

建立工作與生活間良好的平衡，下班後就不要再接聽與工作相關電話以及閱讀相關電子郵件。

讓自己對工作場合的同事感覺自在，也能夠幫助減輕你的焦慮感。

關於焦慮以及心理健康，很清楚的事實是它會同時對家庭生活和工作帶來影響。通常如果我們在家裡會感到焦慮，那麼這份焦慮很可能也會蔓延到的工作中。同樣地，工作時所產生的壓力或焦慮，在家時也會感到焦慮、疲憊，或是精疲力竭。這可能會導致我們無法從工作狀態中「切換」（尤其是下班後還持續接收電子郵件和簡訊）、睡眠障礙、飲食失調、過度思考（腦子轉個不停），有時候甚至會遷怒身邊的人。而在工作時，則可能會導致我們無法工作、無法思考、在壓力之下驚慌失措、情緒失控（大哭、暴怒），甚至是恐慌發作。本書曾探討關於焦慮如何影響大腦的說明，就會知道焦慮會使得工作或邏輯性思考變得更加困難。

在這裡所要傳達最重要的事情就是，通常焦慮是種信號，讓你知道所處環境中有事情不對勁，尤其是如果你只會在工作時出現焦慮的狀況。所以，最有用的事情是找你為什麼覺得焦慮。想想看會不會是你因為所處的環境所致——工時太長、工作量太大、覺得自己無法勝任這份工作、沒有受到足夠的相關訓練、被霸凌或被騷擾，沒有安全的管道可以通報你的憂慮。又或者這份焦慮跟你平時面對事情的態度有關？舉例來說，你總覺得自己不夠好、缺乏自信、不敢跟他人提出自己的擔憂，或是向他人尋求支援？

通常很可能兩者皆是。我們最不希望做的就是用錯誤的方式對待焦慮，如果它是在試著幫助並警告你有事情不對勁——例如，它可能是想要跟你說，不應該再繼續忍受被人霸凌，又或是工作已經超過負擔了。在這些狀況下，更重要的事情是停止繼續被霸凌，或是找更好的方式來讓工作與生活維持平衡的狀態。一旦你好好瞭解焦慮從何而來，就會知道該如何用更好的方式來處理。

因此，本篇章會聚焦在當你在職場中陷入焦慮時，可以採取的策略與技巧上。

處理職場焦慮：保持開放與誠實的心態

蘇剛開始她的博士課程時，曾經有個同學跟她說了一個故事。這位同學說，在區域性博士課程開始的第一天，老師把所有新學生都集合到一間房間裡，然後跟他們說：「我們在行政程序上出了點錯，很不幸地，你們之中有一個人並不符合入學資格的要求，所以不能參與這個課程，必須現在馬上離開。」

雖然這個故事可能只是道聽塗說來的，但你覺得在場的學生當時心裡會是怎麼想的呢？大部分人可能會開始恐慌、眼神閃躲，同時認為他們就是那個不應該出現在這裡的人——那真是個恐怖的羞辱時刻！我們稱之為「冒牌者症候群」。

我們經常會覺得自己是個「冒牌貨」，老闆是一時出錯才會聘用我們，等他們發現我們並沒有足以應付這份工作的技能，就會開除我們；他們會發現我們不夠好，而且跟大家格格不入。這種覺得自己是冒牌貨的感覺讓人非常難以招架，而且可能會導致：

1. 用盡所有方法想當個模範員工。
2. 接更多工作來做，或凡事絕不說「不」。
3. 從來不請別人幫忙或提供建議，只因為害怕這麼做會讓自己看起來能力很差，或是認為這本來就是自己應該要會的事情。
4. 試著把「錯誤」隱藏起來，或是假裝自己可以做那些做不到的事。
5. 在主管面前假裝一切都很好，但事實卻不然。
6. 覺得自己能力不足、一無是處，並為了自己的工作、未來和人生擔心不已。

然而，一般來說，在工作了一段時間之後，就會發現其實所有人都有一樣的感覺，特別是在一開始的時候。

就連資深經理有時候也會陷入束手無策的狀況，他們也會覺得身邊所有人都比他們懂得多，自己根本不適任之類的。所以，越是對自己做得到及做不到的事情，保持開放與誠實的心態，就能夠獲得越多的支援，幫助你「學會你該有的技能」。

在一開始工作時就跟主管開誠布公地討論你的職務內容會很有幫助，比方像是在進行績效考核時，或者在平常就可以隨時進行更廣泛性的討論。雖然這些討論會讓你在一開始時覺得自己處於弱勢，但開誠布公會讓你和主管之間有更清楚的溝通管道與瞭解，他們會知道該如何幫助你達成目標並有所成長，同時也避免未來有任何誤會產生。

試著工作上的即興發揮

我們發現，絕大多數人都會在某種程度上「即興發揮」。「即興發揮」是我們最喜歡的一句話（蘇甚至還有個小別針上面寫著這句話）。所謂的「即興發揮」就是在碰到狀況時「放手一博」，使出可以想得到在這個狀況下能夠派上用場的最佳技巧。即興發揮不一定要是完美演出——它也可以很糟糕——但就是讓自己勇敢迎戰，放手一博。這個作法的用意在於，你可以覺得焦慮沒關係，但還是要把事情做完。越常練習即興發揮，所碰到的狀況就會變得越容易解決，而你也會覺得不那麼焦慮了。

對同事感興趣

工作場合可能會是個很孤單的地方，除非你能夠與一起工作的人建立起良好關係，畢竟你得花許多時間跟他們相處在一起。其中一個好方法就是對他們這個人本身，以及於公於私的生活表示興趣。

你可以問他們週末會做什麼、跟誰一起住、興趣是什麼、已經做這份工作多久了、對公司有什麼樣的瞭解，以及對未來懷抱著什麼樣的期待。同時也分享一點自己的事（也就是你的興趣為何），這也有助於與其他人產生連結。一般來說，對一起工作的人感到自在，會幫助你減輕在職場中的焦慮感。

釐清與溝通

是否曾跟你的主管討論過他們對你有何期待？這麼做有助於釐清他們想要你做的事情是什麼，以及他們希望你怎麼做，而這麼做有時也能夠減輕焦慮。如曾經被要求負責某件工作或計畫，但你不清楚其內容，以及該在何時、何地、如何進行，那麼最好是去確認清楚主管期望的結果是什麼，以及他們希望你用什麼方式向他們報告。有這樣的系統和程序存在，可以保障未來不會產生任何誤會。每個人都有自己偏好的溝通方式，所以可以試著找出最適用於主管的方式，並在某種程度上達成兩人之間的共識。

舉例來說，蘇發現自己對工作上複雜的問題經常很難立刻做出回答，而且她比較喜歡老闆先給她一些時間（短短幾分鐘），然後再做出完整的答覆。所以，她的主管經常會事先讓她知道想討論的主題是什麼，如果有特定的主題的話。這不但能讓蘇對自己的回答更有自信，也讓她更清楚事情狀況，並且更能立刻切入重點（這一點是她老闆喜歡的）。

堅定自信的態度

堅定自信的態度是很有用的技巧，可以運用在各種不同狀況中，包括能夠讓你表達自己的看法。你可以學習辯證行為治療中的一種技巧，它能夠幫助你擁有堅定自信的態度，並且「讓他人去做你想要他們做的事」。這個技巧的名字是「DEAR MAN」，內容如下：

D－Describe（描述）：描述事件的實際狀況。

E－Express（表達）：表達你對此狀況的感受，比方說，我覺得……

A－Assert（堅定）：堅定你的立場並清楚陳述你想要的。

R－Reinforce（強調）：強調如果這個人做了你要求他去做的事，會有什麼樣的結果（對他會有什麼好處）。

M－Mindful：（覺察）覺察你所要求的事，同時也要注意在談論此事時千萬別離題了。有必要的話，就把自己當成是張「壞掉的唱片」一直重播也無妨。

A－Appear：（展現）從頭到尾都要展現出自信的態度，保持眼神的交流、善用肢體語言（記得把肩膀打開），並且用清楚的聲音說話。

N－Negotiate：（交涉）試著與對方交涉並找出適合的解決方法。同時也要記住，如果有需要，你可以表示雙方都有同意跟不同意的權利，然後結束你們的對話。

「DEAR MAN」是個很實用的技巧，可以應用在任何你需要表達堅定立場、提出要求，或是拒絕某件事的不同情境中。它也可以用來規劃你想對某人說的話，或想寫的電子郵件內容。舉例來說，你可能想讓老闆知道你現在的工作量已經太重了。

應用「DEAR MAN」來撰寫電子郵件

嗨，安德魯

自從安德莉亞離開團隊之後，就由我接下她負責的工作，但這就代表我必須在這週之內左支右絀地把所有工作做完（描述）。目前的工作量讓我覺得很吃力，而我的進度也已經落後了（表達）。下週我們可不可以一起檢視我的工作規劃，看看如何降低我的工作量，同時也看看團隊中是不是有其他人能夠分擔一部分多出來的工作呢（堅定的態度）？如果可以降低我的工作量到我可以負擔的程度，我之後應該就能夠準時繳交我的報告了（強調好處）。

如果你覺得這個方法可行，我就先跟你的秘書約個時間，下週碰面時再討論？（回歸主題）

致上我的祝福

蘇

把自己照顧好

減輕焦慮並改善整體健康狀況（身體與心理）的最好方式就是，專心地照顧好自己。可以試試以下的方法：

適度休假

確保你有好好把年假休完，而且是讓自己完全不工作。這段休息或暫停的時間會對健康大有益處，而且希望能夠讓整個人煥然一新地重返工作崗位。你可以提早把休假時間預定好，這樣一來就有可以期待的事情了。而當你休假時，我們建議就是好好放鬆，去做一些有趣的事（而不是把時間浪費在無聊的事情上，比方像是把車開去保養，或是把那些一直拖延沒有做的家事全部做完）。

調整自己的情緒

如果從事的是高壓力的工作，或是壓力沉重的會議總是一場接一場開不完，那麼應該好好想想該如何幫助自己在一天之中把情緒調整好（讓自己能感覺更平和冷靜）。這些方法可能包括了幫自己準備一杯熱飲、在辦公桌抽屜裡放一些零食、繞著辦公室走一圈散散步、去找朋友小聊一下、做幾次呼吸練習，或是在會議與會議之間給自己一點時間做正念思考。

一定要好好吃頓午餐

絕對不要在辦公桌前吃午餐！花點時間和同事一起吃，或是一起去吃頓好料的。也可以趁午休的時間去散散步，或是找家店去逛逛。清空你的腦袋。

在工作與生活間建立良好的平衡

下班後就不要再接聽與工作相關的電話，以及閱讀工作上的電郵。要讓自己能夠做到「轉換」，不要一直想著工作的事。如果你和公司的同事也是朋友，或許你們可以先協議好在平常休閒的時候就不談工作的話題（或者只能簡短聊個五分鐘重點事項就好）。

在職場尋求額外的支援

我們在這裡不斷提到，尋求額外的支援也同樣會很有幫助。如果是在職場的話，可以讓老闆知道你一直在擔心特定的某件事，或是你一直都感到有點焦慮。又或者，任職的公司有固定跟職能健康或心理諮詢的單位合作，提供員工在需要使用。舉例來說，蘇之前就曾經一週一次，為一家公司提供員工的心理健康支援服務。

跟老闆談論你感到焦慮的好方法

- **挑選可以談論此事的對象**　這個對象可以是你的老闆或人資主管，也可以是公司提供的心理健康諮詢人員。
- **安排一場非正式的會面**　找一個不會受到打擾的地方和時間。
- **考慮保密問題**　你可以先與對方討論這段對話的保密性，這樣一來就可以指定他們能夠透露的內容以及對象各有哪些。
- **事先準備**　先想想有哪些事情是你希望他們知道的。當然，你想和他們分享的內容完全由你來決定，這麼做應該可以幫助他們更瞭解你。
- **提供建議**　如果你對他們或自己的工作有任何建議，這也會有所幫助。舉例來說，請他們讓你先仿效之前曾經做同樣工作的同事的作法、讓你在感覺非常焦慮的時候能夠暫時休息一下，又或是定期向他們報告你的工作量是否在可應付的範圍之內。

本書後面的篇幅也有許多關於如何向他人傾訴焦慮的建議。如果你的工作帶給你非常多的壓力，而儘管已經做了各種嘗試，狀況仍然沒有任何改善，或許可以考慮離職，這麼做並不是件壞事。照顧好自己的心理健康永遠都是最最重要的事。

奧利佛的經驗談

我的焦慮感已經跟著我很多年了。打從我還是自由工作者時就開始了，但自從去了一間大公司上班之後，焦慮感就開始以加倍的速度放大。

我成了一個巨大機器中的小螺絲釘，而這整件事對我來說非常陌生。每當檢視著自己的人生，雖然覺得自己已經非常幸運了，但內心卻仍恐懼不已，而這份恐懼讓我的焦慮更加嚴重，所以我決定要尋求協助。我的焦慮主要來自於工作，當時我會焦慮到得不停跑廁所，而實際上也會出現生理上的病狀。到了這個時候，我終於明白自己必須有所改變。

我很幸運因為在這間公司上班才有機會能向專業治療師諮詢（也很感謝這個讓人啼笑皆非的因緣）。我之前從來沒有諮詢過，而且發現自己很難跟別人討論自己的情緒，所以剛開始時感到很陌生而且很不自在。

我一開始進行諮商時，一直覺得自己沒有這個權利，我有什麼地方比其他人特別，為什麼可以接受專業諮商師的幫助？在我的想像中，公司裡的所有同事應該也都跟我一樣感到焦慮，畢竟所有人都討厭自己的工作，所以我憑什麼接受他人的幫助？這才發現這種心態就是焦慮問題的徵狀。我很害怕不知道別人對我的看法、害怕我的問題會被別人視為只是在求關注、害怕我只是在浪費專家的時間。當時的我凡事都只想最糟的結果，把所有事情都想成是場災難。

我會在腦中想像所有糟糕的狀況，而且認為事實就是如此。從擔心別人會怎麼想我這個人，到不想讓別人不開心，我什麼都怕，但我最擔心的就是我會失去這份工作。萬一我失業了怎麼辦？這是我最大的恐懼。接著再往下就會想到我會失去房子，而我所擁有的一切也會全部毀於一旦。但是我發現，所有的擔憂和恐懼，以及因其所引發的焦慮，全都是可以抵抗的，也許無法完全擊敗，但要處理它們也沒有那麼困難。

透過檢視之前發生過的各種況狀以及因這些狀況而產生的種種感受，我很快就發現，如果我去看事情最後真正的結果，往往都沒有我想像的那麼糟糕。藉由把這些狀況全部記錄下來，就有證據證明之前我已經經歷過類似的情況，而我當下所產生的那些感覺並不是真實的，可以把它們放下。

之後，我的恐懼以及由這些狀況所引發的焦慮開始慢慢降低。藉由忠實紀錄這些狀況發生的時刻，我可以重回現場並跟自己說：一切都會沒事的。如果我用客觀的角度來看待，絕大多數在職場中發生的事情都沒有嚴重到會讓世界毀滅。雖然發生的當下感覺起來確實是如此，我會沒辦法呼吸，而且開始發抖、冒冷汗，我會覺得世界末日就要到了。

試著把事情前後連貫起來看它的全貌——絕大多數的事情都可以解決。你只需要放慢你的呼吸，花個兩分鐘讓自己冷靜下來。我有很多次都會去洗手間裡讓自己好好地深呼吸幾次，我會帶瓶制汗劑一起去洗手間，這樣就不會覺得自己汗流浹背，其他人都在盯著我看！這麼做很有用。不要害怕承認自己需要暫時離開現場整理一下思緒。我會先待在位子上，一直等到焦慮嚴重到我完全沒辦法在鍵盤上打字為止。

之前我從來沒有試過冥想，但這是我在過去三個月中嘗試過的所有方法中最重要的一個。每天早晨提早十分鐘起床，上網搜尋晨間冥想的方法。這是克服焦慮的解方嗎？不是，但這麼做能讓你專注在當下，並在一天開始前先好好放鬆下來。這麼做讓我能在每天早上感到平靜，也讓我明白，就長期來看，一切都不會有問題的。

目前的我還需要做很多努力，才能成為自己想要的模樣。對我來說，工作是我人生最主要的動力所在，也是主宰情緒的因素。工作會影響我的家庭生活，而就算我換工作，同樣的感覺依然會存在。

不過，只要我想想自己所擁有的一切就能夠釋懷了。感恩的心能夠讓你珍惜當下的一切，消除尋找更快樂的事情來做的心態。要幫助自己從不好的情緒中解脫，就從跟別人傾訴並且不要覺得難為情開始做起。

Part / 3

成年後可能產生的焦慮及應對方法

這個單元主要會提供一些實用的建議，幫助解決那些與焦慮直接相關的問題，以及確保不讓焦慮掌控你的生活，或是妨礙你去做必須做的事情，是你必須學會的技巧。

我們會談到恐慌發作、強迫念頭與強迫行為，接著會談談自我照顧、維持正念，以及如何取得更多協助與支持。

恐慌發作是怎麼一回事？

當恐慌發作時，
感覺起來就像是全世界最糟糕的事。

雖然這只不過是一種焦慮感，但感覺起來卻非常可怕也非常嚇人。

撐過恐慌發作的方法就是要取回主控權，
改變自己的身體感覺。

面對恐懼可以幫助你感覺自己還握有一些主導權。

恐慌發作是很常見的現象，而全世界大約有二三%的人會在一生當中遭遇到恐慌發作。當恐慌發作時，感覺起來就像是全世界最糟糕的事。我們會感覺到自己呼吸困難、冷汗直流、神經緊繃、出現窒息感、發抖、頭暈、心臟劇烈跳動，會覺得身旁的一切事物全都沒有真實感，而且還可能會出現胸痛。這很可能會讓我們產生：「我要死了！這種感覺永無止盡！我沒辦法呼吸了！」這些念頭，接著求生本能就會開始發揮作用。而這可能會讓我們更加緊張，在試圖要吸進更多氧氣的同時更加恐慌不已（導致換氣過度），更加重了暈眩的感覺——我們稱之為「焦慮陷阱」。

恐慌發作的一個問題是，我們並不一定知道自己正在經歷恐慌發作。雖然有時在可怕或是棘手的狀況下也會發生，但有時候卻是突如其來地出現，完全搞不清楚從何而來。可能會突然之間感到暈眩、呼吸困難，或是覺得自己心臟病發作了——而這會讓我們更加擔心是不是自己生了很嚴重的病。許多人不知道其實自己經歷的是焦慮狀態，所以會跑去醫院做檢查，結果卻查不出任何身體上的問題。

一旦有過幾次恐慌發作，接下來可能會變得過度警戒自己的體感。我們會變得有點像是「狐獴」，隨時隨地戒備著將有危險發生。然而，由於隨時處在警戒狀態，我們可能會連不危險的地方都開始覺得危險。舉例來說，當發現自己胸口有點悶，就會開始認為這代表有什麼地方出了問題，或是又要恐慌發作了（而這會讓我們在恐慌發作之前就開始恐慌）這是個更劇烈的惡性循環！

然而，胸口悶可能只是因為有點著涼了，事實上並沒有什麼大礙。我們可以把它當作只是火災警報器失靈，而且有點過度敏感而已。這種功能可以發揮作用的地方就是讓我們知道大樓失火了，但卻幫倒忙的地方是它可能只不過是烤焦一片吐司時，就急著要我們從大樓裡撤離（或是把消防灑水器打開！），但其實根本沒那麼嚴重。

當恐慌發作時，經常會錯誤解釋自己的身體感覺，但那些體感根本就不是我們所以為的那樣。舉例來說：

1. 胸口悶－心臟病發作了！我要死掉了！
2. 吸不到氣－我要窒息了！我沒法呼吸！氣喘發作了！
3. 喉嚨緊鎖－我嗆到了！
4. 頭暈目眩－我要昏倒了！
5. 四肢發麻－（腳或手）我的身體真的出問題了！
6. 雙腿發軟－我要跌倒了！

這些身體感覺很不舒服，不但讓人驚恐，甚至會真實地感覺到疼痛。然而，儘管它們帶給人這樣的感覺，但科學告訴我們，這些感覺其實並不危險，而且最後都會自己消失。我們可能會做些事情來因應這些身體感覺，比方像是深呼吸；但是，深呼吸又可能會換氣過度並感到暈眩，反而會讓感覺更糟糕，甚至更恐慌。而另外一個危險是，我們可能會因此而開始逃避（某些情況、事物或人），而且認為我們之所以還能活得好好的，就是因為避開了這些人事物。

這會強化要逃避做某件事、去某個地方，或避開某個人，同時更堅信如果不這麼做，就會有不好的事情發生。舉例來說，有些人會堅持拒絕開車這件事，因為覺得開車讓你恐慌，你會想「我開到一半可能會突然昏倒」，但事實上，當我們恐慌的時候，血壓會飆升，所以不太可能會昏倒！但你可能會相信需要繼續堅持不開車，這樣就可以避免發生不好的事情，或單純可以避免出現那種可怕的恐慌感覺。

雖然很困難，但如果以正向面對這種情況（或是讓你焦慮的狀況），有很大的可能會發現，你可以平安無事地度過恐慌發作，而且儘管那種感覺真的非常糟糕，但事實上並沒有任何壞事發生。面對恐懼可以幫助你取回一些主動權。有些嚴格的心理醫師會要他們的病人在公共場合刻意引發恐慌，這樣他們才會知道自己並不會死掉、昏倒或是窒息，而且也向他們證明了，大部分路人根本沒有發現他們恐慌發作，就算有人發現也不會太在意。

如果你會恐慌發作並且想要解決這個問題，首先要做的事就是確認恐慌是由哪些事情所造成，比方像是攝取太多咖啡因（濃咖啡或能量飲料），或是使用藥物（包括合法的精神提振藥物），因為這些東西也會引發類似的身體感覺。在你採取任何步驟之前，一定要先控制，或如果有必要，慢慢減少你攝取或服用的量；很多人發現這麼做的效果很好。

為什麼會恐慌發作？

焦慮之所以會轉變成恐慌有許多不同的原因。通常是因為我們之前已經對某件事累積了一定程度的焦慮感，而且已經在心裡先預設了會有可怕的事情發生，我們也可能為了擔心而擔心，或是心想這樣擔心下去會發瘋或失控（而這也會讓我們更加焦慮）。有時候只是因為我們心中有個會觸發身體感覺的病毒存在，而錯誤解讀，結果就造成了焦慮思考與逃避的惡性循環。

焦慮×焦慮＝更多的焦慮！

我們在最開始的篇幅中談到一些關於在面對威脅時，身體會產生什麼樣的反應好讓自己能夠準備好反擊、逃走或是僵住不動。所以很重要的一點是，你一定要知道，雙腿之所以會發軟，是因為血液快速地流向手臂和腿，讓我們準備好隨時可以拔腿就跑，同時也保護重要器官不會受到任何傷害。

而呼吸和心跳之所以會變得急促，也是因為相同的原因，讓我們能準備好隨時反擊或逃跑。身體準備好要面對威脅，但我們不一定很清楚這個威脅是什麼，所以很難瞭解身體所產生的感覺究竟代表了什麼意思。焦慮思緒開始狂轉是很順理成章的事，我們知道自己會有些不好的念頭，通常都是負面的事情，像是死亡，或是在別人面前出醜等等。

當下該怎麼辦才好？

很重要的一點就是要記住，恐慌發作並不會死，就算當下感覺很有傷害性，但這種感覺一定會過去。這不過是焦慮在作怪罷了，雖然感覺起來很恐怖也很嚇人，但焦慮是件可以學著去接納並相處的事情。

讓身體順著情緒走

因應恐慌發作最主要的方法之一，就是允許它們發生，並從中讓自己明白，我們可以平安度過，一切都會沒事的。有時候這也被稱為「順著情緒走」。只要不試著去反抗，一切很快就會消停，明白這一點會對你很有幫助。另外一個很有用的方法就是，花時間去面對比較輕微但同樣會引發焦慮的狀況，然後慢慢再去面對更嚴重的狀況。有時候大家喜歡把自己的恐慌想像成一道浪，然後注意去觀看波浪的拍打來去，隨著漸漸消融於大海而越變越小。

控制身體的感覺

另外一個撐過恐慌發作的方式就是取回主控權，並且改變自己的身體感覺。

穩住身體

這也被叫做「就地札根」。首先，找個地方坐或站，靠在堅固、穩定或不會移動的物體上，舉例來說，你可以站著或坐著，把背靠在一面牆上，或是把鞋脫掉，感覺你腳下的地板（想像腳在地上札根）。也可以坐或躺在會讓身體陷進去的物品上，像是米袋或舒服的羽絨被。你可以蓋上一條有點重量的毯子，很多人覺得這種壓力可以讓他們感到舒緩並且平靜下來。另外一個讓自己札根的方法就是利用「極端」刺激感官的東西，比方像是吃一口極酸或極甜的食物，這是一種讓你暫時無法顧慮到焦慮情緒，轉移焦點的方法。

幫自己降溫

當你出現焦慮感時，很有可能體溫也會升高。把手放在冷水下沖洗，並朝自己的臉上潑點水，或者也可以喝杯冷飲，甚至吃根冰棒。你可以準備一些冰塊裝在拉鍊保鮮袋裡，當焦慮時可以隨時從冰庫中拿出來，用雙手握住冰袋，或是輕輕放在自己臉上。

試著好好呼吸

放慢呼吸（你可能很想趕快多吸幾口氣，但放慢呼吸會對你有幫助）。可以把手（一隻或兩隻都可以）放在胸口，感覺胸膛隨著呼吸而上下起伏。你也可以數一數每次吸氣和吐氣的時間（也就是吸氣時數到五，吐氣時數到七，然後可以逐漸把速度再放得更慢）。

放鬆肌肉

當我們感到焦慮時，肌肉也會變得僵硬。花時間觀察自己身體的緊繃程度，慢慢地讓身體放鬆下來。檢查緊繃程度的好地方是肩膀、雙手、臉和雙腿。也可以做一些漸進式的肌肉放鬆運動。

尋找支持你的人

找一個能隨時保持冷靜的人在身邊會非常有幫助，如果這個人能夠帶著你一步一步慢慢緩解恐慌那就更好了。找一個你知道會支持你的人，像是親近的友人或家人，這也會讓你在恐慌發作時，感覺更能夠控制自己。

用一個字彙來讓自己穩定

你可以對自己說某個字彙或某句話，而這個字或這句話能讓你感到穩定或平靜，或是提醒你一切都會沒事的。這個字或這句話能夠讓你想起一個安全的地方、一段美好的回憶或一個美好的人，又或是可以提醒你：「這一切都會過去。我之前也曾經有過一樣的感覺，這份焦慮很快就會平息。」

如何在日常生活中活用？

儘管在閱讀本書的時候可能會在心裡想：「對、對，我可以這麼做。」但最困難的地方就是要實際拿來活用。越是感到焦慮，就越無法清楚地去思考。所以，當我們因為恐慌發作而焦慮時，很可能會發現，其實根本記不起來該怎麼做才能幫助自己讓感覺變好。以下是我們在這幾年間所聽過的一些建議：

把主要的步驟寫在一張信用卡大小的紙上，然後把它摺起來，放在你的包包或口袋裡隨身攜帶，這樣一來，當需要的時候，就可以把它拿出來激勵自己。你可以用對自己有效的方式來寫這些步驟，例如：

1. 靠牆站著。
2. 請朋友來陪我。
3. 深呼吸。
4. 喝杯透心涼的冰飲。
5. 我可以撐過去的——再等一下就沒事了。

如果上班時有配掛識別證，可以把這些步驟寫在識別證後面，方便拿取。

1. 在手機裡寫下一些鼓勵的話語或提醒。
2. 在手機螢幕上放能夠激勵你的照片或文字。
3. 利用呼吸或放鬆 APP 來幫助引導你放慢呼吸或放鬆肌肉。
4. 把你的計畫告訴跟親近的人（最好這個人能夠在你恐慌時很快就來到你身邊），請他們帶著你一步一步按照計畫幫助你。

練習，練習，再練習

我們總是會想到游泳池這個比喻——如果你完全沒戴充氣臂圈或游泳圈，就這樣直接跳進深水區，這麼做是不可能學會游泳的（希望你不會！），因為你非常可能會溺死。你應該先從淺水區開始，帶著充氣裝備先練習動作，慢慢建立信心後，再試著往比較深的地方去。我們在這裡討論的所有方法和策略也跟這個比喻很類似。與其在高度恐慌發作時，就試著把所有方法都做完，還不如在你感覺還算平靜，或是只有一點點焦慮的時候先試看看，然後再慢慢進一步嘗試，在需要的時候把它們拿出來應用。

查理的經驗談

我從小就算是個比較容易焦慮的孩子。在我成長的過程中，家裡經常不是很平靜，但我有很多朋友，我在學校的表現也很好，而且總是覺得自己能夠應付所有事情。

我在大學的時候非常認真唸書（有點太認真了），以非常優異的成績畢業。並在二十歲出頭時開始接受教師培訓，過程中應該沒有任何準備能夠幫助我熬過培訓的各種痛苦折磨。

我認為（現在的我已經當老師好幾年了），教師培訓就算對自信很高的人來說壓力也是非常龐大的，而很大一部份原因是來自於過程中不斷地觀察和回饋。我在人生中第一次體驗到胸口彷彿要被擠碎了般的焦慮感。雖然撐過了那一年，但我才真正明白，焦慮真的是件會讓人失能而且非常不愉快的事。

第一次的恐慌發作是在我已經成為合格教師之後。我覺得很躁熱，教室裡堆滿了東西，而小朋友們很難搞。突然之間，我無法呼吸，覺得自己動彈不得，臉開始感到灼熱不已，而且完全沒辦法說話或移動。我立刻離開教室，在自己臉上潑水，深呼吸了幾口氣。最後還是想辦法回到了教室，但之後的事情我已經記不太起來了。我度過了這次恐慌，但是我真的很擔心這個狀況會再度發生，尤其是發生在教學督察，或是在整班學生面前講話的時候。

我開始覺得更加焦慮，而且在我開始緊張或發熱的時候會加倍小心。後來又在教室裡恐慌發作過兩次，但我成功地找到藉口離開教室，然後規律地跑去廁所確認自己不會再次發作。我撐過一天接著一天，但卻開始睡不著覺，而且很焦慮不知道下次什麼時候又會再發作。

有一次發作的狀況非常嚴重，真的感覺心臟要停了，胸口緊繃而且很痛。我跑去醫院急診，他們非常好心地幫我做了心臟功能的檢查，也照了X光，但很確定一切都沒問題，所以他們認為很可能是焦慮所引發的。

我覺得非常丟臉。當時我經常和朋友出去聚會，但他們完全不知道我這麼痛苦。我出門小酌的時候狀況都很好，但只要一想到教室就會感到害怕，當時我不禁開始懷疑自己是不是入錯行了。

就在我跟一位朋友說了這件事之後，狀況立刻就好轉許多。他們大概是這樣跟我說的：「這聽起來實在糟透了，你應該要跟某某（我的良師益友）說這件事；

這樣的狀況應該經常發生吧。」然後我就跟我的良師益友說了這件事，而他真的完全能夠理解，於是他建議我去看我的家庭醫師。

家庭醫師只有提供我一張傳單，裡面寫了一些關於恐慌發作的資訊，並且跟我說他會介紹我去參加一個專為焦慮開設的心理健康支持團體，但我其實完全不需要去參加。同理心與一些相關資訊就足夠了。

我後來又經歷了幾次恐慌發作，而當我感覺到自己又快要發作時，我就趕快用一些非常簡單的呼吸技巧，然後跟我自己說：「這一切都會過去，你表現得很好。」就這樣，這些症狀變成了讓人有點尷尬的臉紅，而不是火力全開的恐慌發作。

直到現在，當我必須站在一大群人面前說話時，有時還是會感到自己的恐慌逐漸加深，但是我已經可以應付這個狀況，而且就算狀況變成火力全開的恐慌發作，也沒有什麼關係了。雖然不太愉快，但不會有事的！

呃！我好像有一點強迫症？

強迫症究竟是怎麼一回事？
萬一覺得自己快要撐不下去的時候可以自助的方法。

侵入性思維對有強迫症的人來說是個問題，
因為他們理解與回應的方式跟一般人不同。

去看心理諮商師，這絕對是展開復原之旅的好方法。

你不應該覺得自己很丟臉，也不應該責怪自己。

除了已經討論過的各種焦慮經歷之外，有些人同時也深受強迫念頭與強迫行為所苦。儘管許多閱讀本書的人並沒有經歷過強迫症的狀況，我們還是認為應該要在這裡好好介紹強迫症，討論其所帶來的影響，同時也要考量，如果你認為自己正在為強迫念頭或強迫行為所苦，那麼該如何尋求支援。

有強迫念頭與強迫行為的人通常都會發現，當生活中出現重大變化，例如開始上大學、從家裡搬出來，或是第一次談戀愛時，自己的想法和行為會變得比之前更嚴重。因此，很理所當然的，長大成人也會成為觸媒，引發強大的焦慮，以及更嚴重的強迫念頭與強迫行為。

強迫症有時受到了媒體與大眾的誤解，使得大家輕視了這種疾病的嚴重性，不但加重了它的汙名化，也因而阻礙了患者對自身問題的理解，並延誤了向外尋求幫助的時機。我們會在本單元探討強迫症是怎麼一回事，而如果你覺得自己正為此所苦，我們也提供了一些自助的方法，以及可以去哪些地方求助。

什麼是強迫症？

強迫症（OCD；obsessive compulsive disorder）指的是強迫念頭與強迫行為失

調症（實在不是個很好聽的名字），而對那些患有強迫症的人來說，這是個非常消耗心神體力的問題。強迫症患者經常會出現我們一般所謂的「侵入性思維」，但其實所有人都會在某種程度上出現這類念頭。侵入性思維的範圍很廣，你可能會很想隨機把身旁的陌生人推到正在行駛的車子前，或是突然間想要在不適合的場所把自己脫光光。雖然你不想要這些念頭，但它們還是會跳進你腦子裡，而且我們都知道，如果試圖想要把它們逐出腦海，通常它們會變得更難擺脫，強度也更高。

許多年前那些聰明絕頂的心理學家就已經發現，如果你要求某人不要去想某樣東西，比方說白熊好了，那麼他就會一直想著白熊。這是因為他的大腦在監測自己有沒有達成目標，也就是「不要去想白熊」這件事，所以大腦會更頻繁地想到白熊，藉此檢驗你有沒有達成目標。

在一份有兩百九十八位經診斷沒有任何心理疾病的學生參加的問卷調查中發現，雖然大家不太會去談論侵入性思維這件事，但其實它很常出現。各式各樣你可以想得到的侵入性思維，從想要傷害他人，到想著不正當的性念頭，這些全部都包含在內，而問卷的結果是，其實這些思維念頭一天到晚都會出現在大家的腦子裡。舉例來說，六四%的受訪女性以及五六%的受訪男性都說，他們曾想過要開車衝出路面，還有一八%的女性以及四八%的男性說，他們曾想過要去傷害陌生人。從這些證據裡可見，這些想法並沒有我們所以為的那麼「怪異」，而會有這些想法的人也不是「壞人」。侵入性思維會出現是很正常的事，而我們也可以學著如此看待它們。一旦開始去思考對我們而言，它們代表了什麼意義，或者未來是否可能因此而發生什麼事，那麼這些侵入性思緒就成了問題。

侵入性思維之所以對強迫症患者來說是個問題，是因為他們理解與回應這些思維的方式。一般人都會有這些令人困擾的念頭，但可以選擇忽視，然而，強迫症患者卻覺得自己無法輕易忽視這些念頭。如果曾經有過與這些念頭和畫面有關的不堪經歷（比方說曾經遭受過肉體傷害或性虐待），又或者，如果成長過程或是宗教信仰讓我們相信，自己必須時時刻刻懷抱著善良的想法，這樣才是一個好人，那麼這些侵入性思維的意義就大為不同了。

想要理解你為什麼會被困在侵入性思維中的另一個方式就是，去看看你如何處理自己的思緒。如果你把內心閃過的念頭想像成一條住家附近超市裡的貨物輸送帶，那麼絕大多數人只會看著貨品在輸送帶上經過，不太會去一一注意究竟有哪些東西。但對強迫症患者來說，這條輸送帶上塞滿了各式各樣的念頭，而且正在全速前進中。一旦開始注意到某個念頭，無論這個念頭令人感到多麼不舒服，他們都會覺得自己無法置之不理。可以理解這會讓人多麼難受，尤其是如果這個念頭包括了在心愛的人或自己身上發生壞事的各種畫面，又或者按照他們的標準和價值觀，這些念頭顯示出自己不是個好人。

如果這個輸送帶的例子不太適合你，另一個角度也可以幫助你瞭解強迫症，那就是，強迫念頭和強迫行為之所以會變成問題，通常是因為患者無法輕易放手讓念頭一閃而過，他們會執著於其中，並且賦予這些念頭許多意義，而絕大多數人只是想想就過去了。本書中的許多方法可以幫助你停止執著於這些念頭上，所以請你一定要繼續讀下去！

強迫念頭通常都會伴隨著強迫行為，也就是那些你認為自己一定要去做，否則就會發生壞事的心理或行為上的儀式，又或者你這麼做是為了要避免自己產生那些不舒服或可怕的念頭。強迫行為會讓生活很痛苦，而且每個人的強迫行為各有不同。對某些人來說，可能就是要不斷地洗手，這樣才能消除自己的恐懼，確定自己不會感染某種致死疾病，或者將之傳染給心愛的人，而有些人則可能是擔心，如果自己不把電燈開開關關好幾次，就會有不好的事情發生。

無論這些儀式是以什麼樣貌呈現，強迫行為通常會讓患者覺得自己快要「發瘋」了，而其他人也會覺得完全無法理解。嚴重的時候可能會影響到每天的正常生活。

有些人連要走出家門都很困難，因為他們得先把所有的儀式都完成才行。

究竟是為什麼？

通常這時候就會有一位戴著眼鏡紳士請你躺在沙發上，開始聊你的童年。雖然這是個非常老套的畫面，但卻不得不說，老生常談是有它的道理的，我們是個什麼樣的人，以及我們學習應對處理事情的方式，全都受到了早期生活經歷的影響。

雖然引發強迫症的原因各有不同，但幾乎所有人都有某個埋藏在心底的壓力來源，讓他們必須透過強迫念頭與強迫行為去應對才會感到安全。對某些人來說，可能是過去一些很痛苦的記憶，而對另外一些人來說，可能是某種特定的恐懼或不安全感。

一旦你被困在需要用儀式來「消除」侵入性思維的循環中，想要從裡面跳出來並打破這個循環，就會是件很困難的事。而要反思並找出強迫念頭與強迫行為是從哪裡來的也會很困難，但對許多人（並非所有人）來說，很可能就是找回主控權以對抗強迫症的關鍵所在。

跳脫循環——處理症狀的正向方法

市面上有很多不同的療法，而且通常會有一些很難理解的首字母縮寫，像是CBT（認知行為療法，cognitive behavioural therapy）或CAT（認知分析療法；cognitive analytic therapy），讓人感到既困惑又不解。去找你的家庭醫師，請他轉介你去看心理諮商師，這絕對是展開復原之旅的好方法。等到和諮商師或身心科醫師碰面之後，就可以討論哪些方法會對你最有幫助。每一種療法都會採取稍有不同的方式來嘗試幫助你，最好能夠先跟諮商師討論你的優先順序和目標，以及你希望能夠達成什麼目標。

心理健康相關以及強迫症專門的慈善機構常會為有強迫症狀的人舉辦支持團體，也有一些藥物可以幫助減輕焦慮的症狀，目的是為了讓患者感覺自己可以開始進行治療。家庭醫師和身心科醫師都可以開立這類藥物的處方箋。開誠布公地跟你的醫師討論採取什麼方式來進行治療，以及該怎麼做最能夠協助你復原，無論是否需要服用藥物，這都會是個很好的作法。

此外，一如往常，還有一些你可以靠自己做的事，用以減輕與強迫症有關的沮喪和焦慮。重點就是盡量去嘗試，找到效果最好的方法之後，就努力去實行。有些人覺得運動是消耗過剩精力的好方法，也有人認為能夠讓手不要停下來的活動最有效，像是做手工藝或彈奏樂器。

還有些小技巧可以讓你挑戰自己的想法。寫下你認為這個想法之所以成立的證據，然後質疑自己這個想法究竟是事實，抑或只是個人的看法？這也是個很有用的作法。有時候，用這個方法與這些想法正面對質還蠻浪費時間的，所以正念就是另外一種讓你能處在當下，不受到這些想法干擾的方。

治療強迫症很可能會需要他人的支持，所以一些能讓你轉移注意力的事情，像是輕量的運動、做手工藝，或是去散散步，都能幫助你減輕焦慮，直到自己能夠跟治療師、心理醫師，或是其他支持你的人開口談這個問題為止。還有很多自我幫助的書籍可以買來或從圖書館借來參考，書裡會有許多能幫助自己在家挑戰強迫症的小方法，例如由大衛．韋爾（David Veale）與羅伯．威爾森（Rob Wilson）合著的《如何克服強迫症》（*Overcoming Obsessive Compulsive Disorder*）。

坦然面對汙名化

媒體可能認為在電視劇裡放一個患有強迫症的角色是在幫忙，但其實這麼做，往往只是把關於症狀的不實傳說變成難以動搖的常識。我們很常會發現，有些人不經意地就會說自己有強迫症，但事實根本不是如此。舉例來說，有些人會把自己的辦公桌、家裡或衣櫥整理得一絲不苟，他們就會說自己有強迫症，或是「有點強迫症」，但事實上，這種行為只不過是有點極端，但完全在健康和正常的範圍之內。

如果你正深受強迫症所苦，聽到別人這麼堂而皇之地不把你的症狀當一回事，會覺得生氣或不快也是很正常的事。要記住，這個和你說話的人並不完全瞭解嚴重的強迫念頭和強迫行為會讓人有什麼感覺。

對患者來說，強迫症發作時，經常會讓人失去行為能力，同時嚴重地影響到正常生活，沒有罹患過強迫症的人知道的只是他們從電視上看到的部分，而且他們可能已經很習慣聽到有人隨隨便便地就把自己愛整潔的行為說成是強迫症。這要不生氣很難（甚至可能做出失禮的行為），但通常在這些不經意的話語和態度背後，隱藏的是對事情嚴重性的忽視，而非惡意。

如果你發覺自己因為其他人缺乏對強迫症的瞭解而感到氣憤或不愉快，與其對他們動粗（我們絕對不支持這麼做！），或許你可以試著溫柔地教育他們關於強迫症是怎麼一回事、它是如何影響你的生活，以及他們可以在什麼地方獲得更多相關資訊。甚至可以請他們閱讀本書。

菲比的經驗談

能夠對這個單元有所貢獻，對我來說非常重要，因為從有記憶以來，我就飽受強迫症之苦，而正式被診斷出罹患強迫症是在我十五歲的時候。

現在的我十九歲，嘗試過許多不同治療方式，包括了慈悲焦點療法（CFT；compassion-focused therapy）、認知行為療法，還有最新的眼動減敏與歷程更新（EMDR；eye movement desensitisation and reprocessing）。在經過多年嘗試控制症狀之後，現在的我終於可以正常地生活，去做我想做的事情了。

在強迫症最嚴重的時候，我連要從房間這一頭移動到那一頭，都要完成非常多的儀式才行，而且我無法閱讀，連電視都沒辦法看，因為我的心理狀態根本無法消化，這讓人非常沮喪。

我的強迫症狀況是，要進行每天日常的生活行動時，比方說爬樓梯，或是把杯子拿起來，這時的我就會像我家人所說的「卡住」。我會整個人僵在原地，為腦袋裡冒出的各種念頭而恐懼不已，這些念頭會叫我不要觸碰同一個物體好幾次、不要大聲數數，或是不要看著某個物體或對某個物體眨眼睛，否則就會有壞事發生。我得反覆做我的儀式一直到「感覺對了」為止，運氣好的時候有可能是七次，運氣不好的時候就可能要二十次。這些難受的感覺和儀式導致我採取了非常負面的應對機制，但治療法幫助我用其他正面健康的事情來取代（像是做手工編織）。

我的強迫症與我的創傷記憶有關，而為了能康復，我必須處理這個問題。治療師使用了眼動減敏與歷程更新法（一種創傷治療方式）來幫助我處理那些記憶，而儘管過程非常艱難，但在完成療程之後，我認為絕對值得。儘管我的強迫症可能永遠都無法痊癒，但治療給了我力量，讓我知道自己可以控制它。直到現在已經擁有處理自己症狀的技巧，可以好好過我的生活了。

幾年前，我對自己的強迫症三緘其口，而且會想盡辦法隱藏。當有人注意到時，我就會撒謊或是跑去躲起來，這麼做讓自己變得孤僻而且形單影隻。在我還小的時候，有人會模仿我的動作，讓我覺得非常丟臉。但等到我決定坦然面對時，才發現有許多人跟我有一樣的感覺，雖然有些人無法理解，但還是有很多人努力想要瞭解並支持我。

我曾經封閉了很長一段時間，但罹患強迫症並不代表你就得自己承受。朋友、家人和心理諮詢服務都在等著你，就算連自己都不確定能不能撐過去，但他們絕對可以提供你一些協助。

你不應該覺得丟臉，也不應該責怪自己，最重要的一點是，只要有幫助，你就能夠處理這些症狀。我以前也認為我永遠都不可能控制強迫症，但現在的我知道我可以。我也從來沒想過自己可以像現在這樣獨立生活，而且更是從來沒想過我已經準備好要在今年申請大學了！而這就是我的新生活；復原絕對是有可能的。

如何在充滿壓力的世界保持冷靜並維持健康？

每個獨立個體都不盡相同，所以，讓人感覺良好同時可以自我控制的事情也都不一樣。

建立自我照顧的計畫，並把它用白紙黑字寫下來。

如果沒有事先搞懂基本原則，那麼其他方法也無法產生作用。

我們非常確定，焦慮和睡眠之間有很緊密的關聯。

心情煩躁時，如果有人詢問你：睡得好嗎？吃得好嗎？你攝取了多少咖啡因？可能都會讓你覺得有被瞧不起，甚至被汙辱的感覺，尤其是當你生活一團混亂，或是時時刻刻都覺得焦慮之際。通常我們會發現，那些感到憂鬱痛苦，同時正在經歷重大轉折的人，需要複雜的解決方案。事實上，如果你沒有先把基本原則搞懂，那麼其他方法也不會有用。有時候，把基本原則搞懂之後，你就不再需要其他方法了！

無論你是因為工作壓力、準備考試，或不和睦的戀愛關係而痛苦不堪，第一件該做的事就是：「我有沒有好好照顧自己？」意思也就是，你是不是有：

1. 睡飽。
2. 一天吃三餐，攝取大量蔬菜水果。
3. 一週運動三次（至少要去散個步）。
4. 喝太多咖啡因飲料。
5. 依賴酒精或其他藥物來解決壓力。

看完以上這些項目之後，你可以回想在這裡談過的其他方法或技巧。我們會在本篇幅中來談一些正面的因應策略。

充足的睡眠

一夜好眠對某些人來說很容易，但對某些人來說卻是不可能的事。焦慮和睡眠之間有很緊密的關聯。如果你感到焦慮就很難入睡，而不睡覺就會疲累，更加劇了生理上的壓力反應和焦慮。

這可能要花點時間來處理，睡眠問題沒有那麼快能夠解決，但你可以試試以下六個絕佳的妙方，應該能夠讓你開始感覺有所不同：

把臥室布置成睡覺的好地方

確保你的房間不會太熱或太冷，裝上完全能遮光的窗簾，如果沒辦法裝窗簾，那就帶眼罩，同時也要確保房間有柔軟的毯子和抱枕，以及你與親朋好友出遊時開心愉快的照片。對一個承受巨大壓力並感到焦慮的人來說，定期更換床單通常不是件很重要的事，不過，一床乾淨、氣味清香的床單，能夠讓一切瞬間不同。

養成規律的睡眠作息

這很無趣但卻很實在。固定的睡覺和起床時間非常重要，這會讓你的身體習慣某種模式，這樣一來只要一上床，身體就準備好要睡覺了。雖然你可能會想在白天時小睡片刻，尤其是如果你前一晚沒有睡飽，但最好不要這麼做。如果你在白天時小睡，很可能會更進一步打亂晚上的睡覺模式。

就算晚上睡得很不好，而且感覺超級累，還是要盡量讓自己白天的活動按照原本的規劃進行，這一點很重要。還有就是，等到你覺得累了或想睡了再去睡，這麼做會比較好，而不是在床上睜大眼睛躺著一直睡不著。如果躺在床上過了二十分鐘之後還是睡不著，就起來做些讓你感覺平靜甚至無聊的事情，一直到覺得累了為止，然後再回床上去試看看能不能睡著（但如果二十分鐘後還是睡不著，就再起來……）

避免做哪些事？

一般人以為能夠幫助自己放鬆睡著，或是讓能自己有睡意的事情，通常都是一些刺激；它們非但不能幫助我們放鬆並產生睡意，反而會更清醒、警覺，並更加興奮。最常見的是咖啡因、香菸和酒精。在睡前至少四小時，最好不要接觸這些東西。

此外，也應該完全停止飲用能量飲料，雖然當下會讓你覺得不那麼累，但也會讓你在需要睡覺的時候無法順利入睡。運動能夠大大改善睡眠，但儘量在傍晚之前做，此外，睡前吃一點零食也會很有幫助，但不要吃得太豐盛。在睡前，最好做些能讓你平靜，而不是感覺會更加清醒的事情。

把干擾降到最低

如果你把床用來當作是看電視、吃東西或使用筆電的地方，那麼身體就無法學會床與睡眠之間的關聯。試著只把床拿來睡覺用。我們知道這可能有困難，因為你可能住在擁擠的家裡，又或是和別人分租房子，而床是你唯一可以使用的空間，但找一張可以讓你坐下來使用的小桌子，好讓自己不需要在床上使用電腦，這會對睡眠很有幫助。

另外一個讓絕大多數人（包括我在們在內！）無法睡覺的事情就是「看手機」。你會很想上網查個東西，或是看看是誰傳了訊息來，但這麼做會讓大腦直接跳出睡眠模式，回到日常生活的世界裡。近期的研究也讓我們知道，花太多時間盯著手機螢幕看會干擾我們的睡眠，因為螢幕背後的藍光會讓大腦以為現在是白天，雖然我們不一定每次都會遵守照自己給的建議去做，但如果可以的話，就把手機拿到另外一個房間去充電（最好是拿到樓下去），這樣就不會被震動聲或突然亮起的光干擾了。而如果你用手機來當鬧鐘，趕快去買一個便宜的鬧鐘吧！

處理焦慮思緒

把你的焦慮思緒寫下來，然後放到一邊去，專注在能讓你分心的事情上（可以試看看從九九九開始，每次減七倒著數到〇，而不要數羊），甚至可以把讓你煩惱的事情寫在上，然後沖到馬桶裡，這些都是可以分散憂慮的方式，讓你可以在睡前停止反覆思考。我們都知道，夜晚是對那些黑暗思緒來說是最糟糕的時刻，所以你得找個方法把它們拒於門外，直到天亮（通常天亮了，這些想法就沒有那麼糟糕了），這會是個很好的作法。請參考接下來的文章中用正念來處理焦慮思緒的各種方式。

放鬆緊蹦的身體

放鬆身體可以讓你感覺平靜也比較不那麼焦慮，同時也讓你慢下來準備好入睡。你可選擇做一些呼吸或放鬆的小運動，或是只要輕柔且保持清醒地放鬆身體上緊繃的部位。漸進式肌肉放鬆運動（緩慢地拉緊並放鬆不同的肌肉群，從頭部開始，一直到腳指頭）也是解除緊繃的好方法。

有些人很享受泡泡浴或淋浴，並將之視為夜晚的規律作息之一。在睡前喝一杯溫熱、牛奶般濃郁的飲品也可以幫助入睡，但很重要的一點是你必須確認這杯飲料裡面沒有咖啡因的成分！精油以及其他香氛也可以幫助舒緩和放鬆；在睡前最常被拿來使用的香味是薰衣草，你可以挑選任何一種讓你感覺舒緩的味道。

正視食物與心情的關係

焦慮通常會讓人感覺不太舒服，也會讓人覺得自己胃腸不適，所以有些人會吃得比平常少，或甚至完全不吃。有些人很享受因此而得到的減肥效果，所以不太擔心這樣的狀況，但是血糖太低對情緒不太好，不但會讓你覺得頭暈，甚至可能會引起頭痛，同時加劇身體的焦慮症狀。另外一些人則可能會用食物來「壓制」焦慮的感覺，所以他們會吃得更多，而且通常吃的都是很沒有營養的食物。

少量多餐有助於平息焦慮反胃的感覺，喝大量的水同時搭配蔬果類的零食，能夠確保你有充足的水分而且維持健康狀態。跟那些可怕討厭的感覺相比，規律並健康地進食感覺起來好像一點都不重要，但這麼做能夠大大改善內心的感受。

不要在過得不順遂時仍對自己太過嚴苛，吃一點略鹹或略甜的零食。我們每個人都有權利款待自己（或是做出糟糕的選擇），但過度苛責自己通常並不會在下次碰上同樣狀況的時候表現得更好，只會讓我們感覺更糟糕。

適當運動與活動

心理健康和運動之間的關聯已經變得越來越清楚，有越來越多證據支持運動和活動能夠為心理健康帶來極佳的效果。跟其他人一起運動（舉例來說，團隊運動或是加入跑步社團）更容易產生社交連結，卻不會有太大的壓力，同時還可以增加腦內啡的分泌。如果你不想要跟人社交，那麼就一個人出去散散步，把注意力放在周遭的人身上，好好地在公園裡散步一圈，仔細地關注所有的聲音、景象、觸感和味覺，這麼做能夠幫助你專注在當下這一刻，同時也有益於健康。

正面應對壓力與低落

你可能已經發展出一些處理焦慮的有用方法。對某些人來說，方法可能是去攀岩，而對另外一些人來說則可能是做瑜伽。沒有任何人是相同的，所以能讓人感覺良好同時可以控制的事情也都不一樣。令人難過的是，有時心情低落時，就不再去做那些讓我們感覺很好的事情了。我們知道逃避經常是首選的因應策略；而這種逃避可能是「行為」上的逃避（離開現場）或者是「認知」上的逃避（不去想這件事，或試著忽略腦袋裡的思緒和感覺）。

又或者，你會對那些有壓力或是有威脅的事情感到沮喪或憤怒，因而與人產生衝突，同時感到既緊張又氣憤。會有這樣的過程其實一點都不難理解，想想大腦的對抗或逃跑反應！發展出屬於自己的正面因應策略，再搭配良好的自我照顧，這是處理焦慮並度過艱難轉變的關鍵所在。我們將一些已知有效的正面因應策略詳列在下方。

明確知道並管理你的情緒

要打造抵抗焦慮及其他難熬感受的復原能力與因應方式，關鍵就在於你得先明確知道身體（也就是讓你有感覺的地方）究竟發生了什麼事，以及伴隨著這些感覺而來的想法是什麼。我們經常只關注引發自己感覺的外在原因，而完全沒有花時間去看看自己的身體發生了什麼事，或自己的腦袋裡在想些什麼。

我們只會單純地直接回應自己的感覺：舉例來說，當你進入一個社交場合就開始覺得焦慮，所以就假設這裡有威脅存在，心想或許「大家不希望我出現在這裡」，所以就匆匆離開了。處理情緒的第一步就是去注意我們的身體和周遭環境發生了什麼事，在作出回應或反應之前花個幾分鐘時間冷靜下來。練習保持正念會對這樣的狀況很有幫助，用日記來記錄想法、感受和身體的知覺也同樣很有用處。

容忍不確定性的存在

「不知道接下來會發生什麼事」通常讓人很難受。當我們還是孩子的時候，父母親通常都會保護我們不受到未知的傷害；大人會說一些「無傷大雅的小謊」，讓事情看起來不那麼可怕。隨著年紀漸長才發現，有許多事情只能遇到了再看看情況如何。如果隨時都想要掌控那些我們無法掌控的事情（像是自己會不會生病、有沒有通過昨天的考試），那麼一定會把自己搞瘋。要接受有些事情就是不知道或無法控制確實很困難，但這也是處理焦慮的一個關鍵——更詳細的內容請見第二章。不好也沒關係，不知道也不會有事，更重要的是好好照顧自己，努力試著去改善當下的狀況，而不是試著去控制大環境或身邊的其他人。

容忍痛苦與悲傷的存在

我們可能想要（甚至期待）自己能夠隨時隨地都很快樂，但大部份的人生確並非如此。生而為人就代表了我們必須面對失去、悲傷和痛苦，這一切都很困難，卻也是成長的一部分，學著瞭解自己，並與其他同樣也在痛苦掙扎的人保持連結。有時候，人生就是困難重重，而如果我們坦然接受隨之而來的感受（「這讓我覺得哀傷／有罪惡感／羞愧／憤怒」），那麼就可以開始處理這些情緒，也讓自己更能夠忍受這些痛苦的時刻。這些並不是單純解決問題的狀況，而是我們必須要親身經歷過，同時想辦法「因應」的事情。

通常焦慮之所以會變成問題是因為有人覺得他們「不應該」有這種感覺，因此花了非常多的時間去思考究竟發生了什麼事，以及自己或其他人是怎麼把事情搞砸的。最後他們就會陷入負面思考的循環之中，感覺越來越糟糕。又或者，他們會直接忽略這些感覺，假裝它們不存在。

要從這些感覺中解脫最好的方式就是去體驗、去接受（而不是去壓抑），然後去找一些可以讓你感覺平靜、重新振作，或是感覺比較好的事情來因應。

花點時間讓自己平靜下來

自己一個人躲起來在床上吃冰淇淋不會有什麼問題的，看幾部最愛的電影，讓自己好好哭一場。如果身體不舒服，你就會好好照顧自己的身體；所以如果情緒波動不已，你也應該如法炮製。現在有些公司會鼓勵員工休減壓假，以促進他們的心理健康。不過你要確保自己不會因此逃避而讓焦慮更加劇。

做些正向的活動

試著寫下長長一串你喜歡做的事，這麼做可以幫助你在考試考不好、沒有獲得升遷，或是不得不和朋友說再見的時候，給自己一點鼓勵，因為這時候的你可能一時很難想出什麼活動對你有幫助。

寫下喜歡做的事以及想要去嘗試的事，可以是打保齡球或是走在鬆脆的落葉上；跟小朋友一起餵鴨子，或是看一部恐怖電影。把它們全部寫下來，然後貼在你隨時可以看得見的地方。如果現在的你正痛苦不堪，本書最後的練習5有一張表單範例可以參考。

對自己說些話

現在有許多在網路上爆紅的事情可以關注，這麼做可以在痛苦時，幫助你用其他事情來取代焦慮思緒。有些人可能有屬於自己的「箴言」，他們可以藉由覆誦這些箴言而獲得心靈上的安慰。舉例來說，一位年輕女性跟布麗迪說，她會不斷地對自己覆誦：「每一天的我都因為每一件事而變得更堅強」，而這句話押韻的地方也跟文字內容一樣讓她感到舒緩；她會一邊拍自己的腿一邊唸，或是一邊數自己走了幾步，一邊搭配箴言。我們在前面提供了各種因應話語，如果你覺得要自己想這些話很難的話不妨參考看看，但自己想一句箴言出來也是很有趣的事呢！

做點好事

做一件對他人有益的事，無論事情再怎麼小都沒關係，像是讚美他人，這麼做也會對你自己有益。為某人烤蛋糕、洗一張美麗的照片然後裝框送給別人、主動幫忙你認識的人，他們也許需要有人幫忙打掃家裡，或是幫他們去超市採買。長期擔任義工也會幫助你培養自信，同時也會讓你有正向的感覺。

獎勵自己

我們在這裡談到的許多因應策略其實都蠻有挑戰性的，而且需要很多勇氣與努力才能做到，所以很重要的一點是，當你很努力去實行某個方法，或很努力地試著要克服焦慮（無論結果如何），你都一定要認同自己的作為。你可以把這個過程寫下來、告訴跟你很親近的人，或是獎勵自己，比方像是看你最喜歡的電影，或是吃一客很精緻的甜點。

蘇之前也曾經幫客戶做了一些貼紙，每當他們達成了某件事，就可以獲得一張貼紙——通常都是與克服焦慮有關的事（例如，我主動跟不認識的人說了話）、把自己照顧好（例如我對自己充滿了同理心），或是做了一件大人該做的事（例如做出重大的決定）。為我們所達成的事情慶賀，這麼做能夠幫助我們專注在這些正面的事情上，而不是困在自己的焦慮思緒中。

應該避免的因應策略

長大成人後，通常你會接觸到一些過去不曾有過（或無法取得）的因應策略。嘗試抽菸、喝酒、服用藥物，這在青少年時期可能只是種實驗，同時也只是為了模仿「大人」的行為而做。但等到成為大人，你不再受到同樣的限制，而飲酒或服用藥物在同儕團體中可能也被視為很普通的事。

藥物（包括咖啡因以及藥局可以買到的成藥）與酒精，會對焦慮以及處理麻煩事的能力造成決定性的影響。對成人來說，用喝酒來應付困難的狀況是可以被接受的社會行為，而我們也已經知道這麼做會對成人的身體健康帶來很大的影響[1]。但比較少被研究也比較少被談論的是藥物對心理健康所造成的影響。

在星期六晚上喝杯酒可以讓人比較容易社交，因為你會比較放鬆，也不會那麼害羞；但這也代表你可能會做出一些讓自己覺得難堪的行為，而因此再也不想見到這些人。酒精的抑制作用會持續很長的時間，遠遠超過放鬆以及不再害羞的正面效果，所以說，接下來的星期天可能會過得很不愉快。也有人會藉酒精來安撫夜晚時的焦慮思緒，讓自己可以比較好睡，然而，這時的睡眠品質通常都很差，而且你無法全然休息，所以隔天的焦慮程度反而會更高。

有太多可以讓我們討論這些負面策略所帶來的影響，不過，當你在思考自己所使用的藥物或因應策略是否沒有幫助時，可以問問自己這幾個問題：

1. 我是不是每次感覺不對時，就會服用這種藥物或採取這種因應方式？
2. 我是不是每次一碰到需要去做某件事情（像是去上班或是唸書）時，我就會服用這些藥物或採取這種因應方式？
3. 我所服用的這些藥物或採取的因應方式，是不是讓其他人感到擔憂？
4. 這些藥物或這種因應方式，是不是會阻礙我進行日常生活中的活動（例如是不是會因為宿醉太嚴重而無法去上課／上班）？

有時候，我們會太過於依賴藥物或酒精，因為自己還沒有發展出其他的因應方式來面對焦慮與難搞的念頭。問題就在於，藥物與酒精可以「立即見效」，但長期下來卻會有很多壞處，所以當我們嘗試其他方式時，會覺得它們沒有辦法像藥物和酒精一樣出現立即的效果，也沒辦法讓感覺變好。

這時候，你可能會需要他人的協助，幫你釐清這些藥物的作用為何，以及如何可以找到其他更健康也更有幫助的方法，來處理焦慮問題。有關藥物或酒精濫用的支援協助，請見第十三章，或是去找你的家庭醫師）。

最不該做的就是自我傷害

有時候，有些人會因為受不了焦慮的衝擊而傷害自己，很常見到的是割傷、抓傷或是燒傷。之所以會這麼做可能是為了要控制自己的感覺，或是讓其他人知道自己的感覺是什麼。

自我傷害這個題目太大了，實在難以在這裡涵蓋，所以我們會在之後另外寫一本書來討論，不過，只要你試著從本書所列出的方法中找到健康並有幫助的方式來處理焦慮，就能減少自我傷害的可能，此外，向他人求援或是讓他人知道你正感到焦慮而且需要幫助，這也能降低自我傷害的可能。

如果自我傷害行為讓你感到憂心，又或者有想要結束生命的念頭，你必須盡快要尋求幫助與支援。我們建議你一開始先跟親近的人聊一聊，你的家庭醫師或是附近的慈善團隊，比方像是撒馬利亞慈善諮詢中。如果你很認真的想要結束生命，或是已經計畫好要這麼做，你必須立刻去找家庭醫師或是去醫院的急診，可以在那裡接受評估與協助。

打造自我照顧的計畫

開發一個自我照顧的計畫，白紙黑字地把它寫下來，這會對你很有幫助。你可以我們練習六的範本（第二四五頁）。但你也可以現在立刻坐下來開始寫。

首先，先列出一張核對清單。我是不是有……

1. 睡飽。
2. 一天吃三餐，攝取大量蔬菜水果。
3. 一週運動三次（至少要去散個步）。
4. 不要喝太多咖啡因飲料。
5. 不依賴酒精或其他藥物來因應壓力。

接下來確保計畫中會做到以上列出的項目，同時問問自己：

1. 有沒有什麼警訊告訴我應該要更小心照顧好自己？
2. 現在的我能夠做些什麼來改善狀況，並讓這些痛苦的情緒變得比較容易忍受？
3. 我該如何請求他人的協助與支持？

大家都在說的「正念」是什麼？

正念是個幫助我們更專注於自己的心思、讓思緒平靜下來的技巧，同時也讓我們更能察覺到當下正在體驗的一切。

執行正念時，最好的方式是準備一些小道具。

最常見的正念練習方法就是正念呼吸。

任何在腦袋中出現的想法都應該被看見並且被接受，但是不需要深入去思考，或是依此展開行動。

有時候腦子會像自由落體一樣——思緒拚命轉個不停、無法專注、覺得一切難以忍受。當有這樣的感覺時，想要捕捉我們的思緒並對它們一一進行挑戰（如同我們在第四章所討論的）看起來似乎不太可能。

這種時候，通常心裡想的只有：

我
只想要
這一切
全部
停止

我們會深陷於腦袋中正在進行的各種動作（懷疑、回想、分析、規劃等等）難以自拔，以至於完全看不見當下正在眼前發生的事情。正念是個幫助我們更專注於自己的思緒、讓思考平靜下來的技巧，同時也能夠讓我們更能察覺到當下正在體驗的一切。現在，花個一分鐘的時間，不要去管腦袋裡在想的事情，而是把注意力放在圍繞在你身旁的世界。注意以下這些事項：

1. 我現在在哪裡？
2. 我聞到了什麼味道？（好好地聞看看）
3. 我聽到了什麼聲音？（聆聽近處、遠處，圍繞在你身旁的所有聲響）
4. 我看到了什麼？（是什麼樣的形狀、顏色、物體、材質）
5. 我有什麼感覺？（生理上的感覺）
6. 我嚐到了什麼？
7. 我在此刻當下有什麼樣的感覺？

花幾分鐘的時間讓自己身在當下，不去想腦袋裡的各種念頭，只專心注意自己的身體與周圍環境，這麼做能夠讓你暫停，也能讓你可以脫離腦袋裡所有的「噪音」，幫助你平靜下來。如果能開始在日常生活中加入「暫停」的時間，你會發現，這麼做對身心健康都有很大的改善。

每天的生活中都有太多要做要想的事情，很容易會錯過一些小事，有時候連想都沒想就會做的那些事，就像我們處在半睡眠狀態中一樣。舉例來說，我們會狼吞虎嚥吃掉一整包巧克力，完全沒有去思考它們吃起來的口感和香氣是如何。我們開車會家的時候一直在想別的事情，完全沒有注意到路上經過的風景如何。

在散步的時候，腦袋可能在想喝茶的時候要配什麼點心，或是在工作時和別人起了一場嚴重爭執，而沒有感受到吹拂而過的微風，或是腳底下清脆作響的落葉。這也被稱為是進入「自動駕駛模式」。

所謂的正念指的是，你能夠選擇要專注在腦袋中的哪一件事情上——無論是想法、身體、一件正在做的事情、周遭的環境，或是當下這一刻。第一個練習能夠幫助我們專注在一件事物上，盡量開啟我們的五感，越多越好。

練習——關於飲食的正念

蘇很喜歡用巧克力來做這個練習（任何一種巧克力都行——她熱愛巧克力），但菲比則是喜歡喝茶（在泡茶的過程中維持正念——茶杯的溫度、茶的香氣和口感等等，花點時間「處在當下」並好好款待自己。此外，這個作法也很容易能融入生活之中）。任何食物或飲料都可以——只要是你喜歡的，而且可以幫助你專心品嚐的都好。

把巧克力夾在大拇指和其他手指之間。把你的注意力放在巧克力上，仔細地看著它，就好像你從來沒看過巧克力一樣。你看到了什麼？它是什麼顏色？是深還是淺？再看看它的質地——是很滑順還是很粗糙？看到的形狀是什麼？它的邊緣是平整還是凹凸不齊？然後把巧克力拿起來放到鼻子前面，花幾秒鐘聞聞它的味道。你注意到它有什麼味道？很強烈嗎？很甜嗎？是不是有讓你聯想起其他的什麼東西？去感覺在你指間的巧克力。你有什麼感覺？它是很硬，還是已經開始融化？感覺起來是粗糙還是光滑？注意它有多重。它是熱熱的，還是涼涼的？試著爬梳心中對這塊巧克力的所有想法，特別注意你是喜歡還是不喜歡它。把巧克力靠在嘴唇上，看看身體反應是否有什麼改變。然後把巧克力放進嘴裡，讓它開始在舌頭上融化。感覺起來如何？你有發現什麼嗎？它嚐起來如何？這個味道跟剛剛一樣嗎？還是不一樣？然後把巧克力吃掉。

在這個練習過程中，你有沒有發現什麼？跟你預期的是否有所差異？關於這塊巧克力，有沒有注意到之前你沒有發現的地方？如果不想用食物或飲料來做這個練習，也可以選擇其他物品用來做正念觀察（只要別把它們吃掉就好了）。你可以用：小石頭、蠟燭、某種材質（粗糙、蓬鬆、平滑）、身體乳液。你可以只專注在一種感官上，比方說視覺。想像你把眼前的景象拍成了一張照片——你看到了什麼？注意顏色、形狀、明暗、影影、質料、花樣，任何一種在這景象中特別引起你注意的地方都可以。也可以在各種活動中保持覺知正念，舉例來說，去書店逛一圈或刷牙。

練習——關於聲音的正念

另外一個可以方便「隨時帶著走」的練習就是聲音的正念。你可以在任何地方做這個練習。只要挑選一個不太容易會受到打擾的地方就好。

當你準備好之後，慢慢地將注意力放到身旁的各種聲音上。不管是很靠近的聲音，還是來自遠處的聲音；從上方傳來的聲音，旁邊傳來的聲音、下方傳來的聲音、背後的聲音以及前方的聲音。觀照這些聲音的來去。試著不要幫這些聲音貼標籤，只要去注意聽起來是什麼模樣—音量的大小、高低、調子。不要對這些聲音做任何反應。你不需要去尋找它們從哪裡來。就讓它們自行來去。

玩泡泡，永遠不嫌老

其他還有非常多各式各樣的正念活動可用來幫助集中自己的心神。以下是我們最喜歡的幾種：

1. 吹泡泡。專注在泡泡的形狀上、吹出泡泡的過程、泡泡的顏色，以及想要戳破它們的想望。吹泡泡同時也能夠幫助你讓呼吸慢下來。
2. 做一些讓你能夠專注的事。比方像是跟藝術有關的事情，一些富有創意的事情，像是縫紉、搭建某種結構物、彈奏樂器等。
3. 找一個對你來說具有個人意義的物品（比方說小石頭、某些首飾之類的）。隨身帶著它們，只要你感到焦慮時，就把它們拿出來用正念的方式觀察。
4. 專心地洗個澡。當你在洗澡時，將注意力放在流過皮膚的水。那是什麼感覺？看著那些水的時候，你看到了什麼？可以感覺一下水的溫度——是熱還是冷呢？另外就是，所用的肥皂是什麼香味？
5. 當你在泡澡（洗泡泡浴）時，讓身體放鬆，深深地沉入水中。你的身體有什麼感覺？看著浴缸裡的水和泡泡可以看到什麼？它們是什麼顏色、形狀、氣味？
6. 當腦中出現了沒有用處的念頭時，就把注意力放在物品上（比方說一幅畫、一支筆、一張照片）。帶著覺知的正念看著那件物品——你看到了什麼？有什麼樣的感覺？當你的心思又開始飄移不定時，再將注意力輕柔地帶回這件物品上。

所以，冥想有用嗎？

不一定。不過做一些簡短的正念冥想對於練習正念確實會有幫助，很多人都是在日常生活中運用正念這個技巧。最常見的正念練習就是正念呼吸。這對焦慮特別有幫助，因為這麼做能夠幫助你緩和呼吸並平靜下來。

練習——正念呼吸

找個覺得舒服的方式平躺或是坐下來。如果你是坐著，讓背部打直，把肩膀輕輕往下垂放。要確認自己覺得舒適。

感覺眼皮慢慢變重，如果你覺得閉上眼睛比較舒服的話，那就輕輕把眼睛閉上。如果閉上眼睛讓你覺得不舒服的話，那就把視線固定在房間的某個位置上，放鬆地向前看就好。

將你的注意力放在呼吸上，慢慢地吸氣……再慢慢地吐氣。

現在，將注意力放在肚子上，感覺腹部慢慢地隨著吸氣而鼓起，並隨著吐氣而下陷。

專注聚焦在呼吸上，讓自己處在每一次吸氣與每一次吐氣的當下。

現在，把注意力移到鼻子上。感覺冷空氣在吸氣的時候通過你的鼻腔，而暖空氣則是會在你用嘴巴吐氣的時候流過。如果發現自己很難專心，或許可以試看看交換，用嘴巴吸氣，然後用鼻子吐氣。

每一次當你發現思緒又開始遊走，沒有專注在呼吸上時，仔細看看是什麼事情讓你分心了。然後再輕柔地把注意力帶回正在吸氣和吐氣的身體感覺上。不要對那突如其來的念頭有任何怨懟，只要處在當下就好。

如果你的心思不斷地從呼吸上飄移開，要做的就只是輕柔地再將注意力拉回來就好。

每天都要做練習。每天花一點時間只專注在呼吸上，讓自己處在當下，什麼事都不做，看看感覺如何。

當你覺得焦慮，做五次正念呼吸，把注意力放在呼吸上。每一次當思緒飄移到無意義的念頭上時，輕柔地再把注意力拉回到呼吸上。

處理焦慮思緒

我們可以把各種念頭都當作是種噪音。我們知道自己會有各式各樣的焦慮思緒，但這並不代表它們都會成真，也不代表它們很重要，又或是我們必須要有所行動。很重要的一點就是，千萬記住，念頭並不是事實。那只不過是個念頭而已。

在身處正念狀態時，任何在腦袋中出現的想法，都應該被看見並且被接受，但是不需要去深入思考，或是依此展開行動（允許它們在你的腦子裡流動來去）。溫柔地把自己帶回當下這一刻；試著不要對自己太嚴苛。不必去評判自己的念頭是「好」還是「壞」——它們就只是「在」而已。這樣一來，就可以學會如何用更有助益的方式來應對發生在周遭的事情。

小河中的落葉

很多人都跟我們說，把心中的念頭想像成落葉般漂流在小河之上，對他們很有幫助，而這也是我們在治療中常用的方法之一。你可以自己選擇想像的情境，也可以不要採用這個方法。其他可以想像的情境還包括了想像自己躺在一片原野上，望著白雲（你的念頭）從上方飄過——有些很大片，有些比較小片，有些是灰色的烏雲，有些一直在原地不動。

又或者，想像泡泡隨著水流飄走。另外有些人覺得把自己的念頭寫在紙上對他們很有幫助，寫完之後把整張紙揉成一團，然後拿去丟掉（當這些念頭一浮現，就利用寫下來的方式標記它們，然後再讓它們離開）。這個方法在睡前特別有效，你可以把念頭寫下來，然後放到一邊去（也許放進抽屜裡），然後把它們留到隔天早上再拿去丟掉，讓你的腦袋可以先好好休息。如果因為有太多念頭同時在腦中翻騰，讓你難以招架，這個作法也會很有幫助！

當正念無法發揮作用的時候

正念並不一定適合所有人。就跟其他治療技巧一樣，正念對某些人有用，但對某些人就沒有什麼效果了。我們不建議創傷後壓力症候群的人採取一般的正念方式（雖然有另一種修正過的版本，可能適用於正在承受這種痛苦的人）。如果你試過正念之後發現對你來說沒有幫助，或是反而讓狀況更糟，那最好的方法就是停下來不要再做了。而如果你想要更深入瞭解正念，可以尋求受過正念與心理健康訓練的專業人士協助。

我沒辦法專心！

這是在練習正念時很常會發生的問題。我們會過於執著在要用正確的方式來運用正念，反而把自己搞得很沮喪。

正念有點想是在訓練小狗狗停在原地不動。你第一次叫小狗狗停在原地不動時，牠還是會到處亂跑，舔你的臉頰或是把你的話當成耳邊風。但等你持續跟小狗練習這個動作之後，牠最後一定會學會如何停在原地不動（絕大多數時間可以做到，除非剛好有貓咪經過）。思緒也很類似。第一次，當你試著要讓自己維持正念時，很可能思緒仍會不斷受到干擾，同時你也一邊努力想要讓自己做到正念——這沒有什麼關係，而且完全正常。在經過很多次的正念練習之後，慢慢地，思緒就會學會如何能停留在正念之中（儘管偶爾還是會漂移不定，不過這是所有人都會有的狀況）。

身體出現焦慮感時的正念

跟處理焦慮思緒很類似，我們先學著去注意身體上的焦慮感，然後允許並接受它的存在。有些人稱之為對焦慮感的「順勢而為」。我們知道，只要等待足夠長的時間，焦慮感就會慢慢自己消耗殆盡，所以只要接受它們，等它們過去就好。當我們體驗到這些感受時，可以用正念的方式去探索。將自己抽離，去觀察當身體產生焦慮時的感覺是什麼。

你是在哪個部位有這樣的感覺（手臂、臉、心臟附近，還是腳？）它們有什麼的感官知覺？這些感官知覺有多強烈？是什麼形狀？它們是來來去去，還是停止不動？當身體產生這些感覺時，保持你的好奇心和探究的本能。接著可以深呼吸幾次，讓這些感覺單純地「存在」。不要和它們對抗，或是努力掙脫，允許它們存在，等待它們過去。提醒自己這些都是很正常的身體感覺，與之和平共處就好。

對感覺保持正念可能會很困難，尤其是一開始的時候，但是當你開始可以對焦慮感順勢而為一次或兩次，最後看著它們停止之後，你就會有自信，知道下次也能夠順勢而為。

有時候，儘管已經盡了全力，我們還是會忘記要練習自己學會的技巧。對於正念，一個好方法就是給自己一些動力。舉例來說，蘇有一支健身專用錶，它會在每個小時還剩十分鐘時提醒她還沒有走足夠的步數（幾乎是每個小時都會提醒——她很懶！）。這麼一來，她就能夠在被提醒的時候有動力去做三次正念呼吸。這麼做能幫助她在日常生活中稍作暫停。

布麗迪則是每天早上都會先做十分鐘的瑜伽，這時的她會專注在她的呼吸和身體上，讓自己做好面對一天的準備。正念APP也會對你很有幫助。最常見的APP是「Headspace」它會提醒你該練習了，並且提供正念練習的各種指引和短影片。

最後一個正念練習是身體掃描。這對於在清晨或夜晚時放鬆大腦特別有幫助。不過可能需要花點時間練習才能達到效果。自己想要花多少時間來練習都可以。有些人喜歡設定鬧鈴（你甚至可以使用正念鈴聲）來結束練習，這樣他們才不會在過程中一直想著接下來要做的事。

練習——身體掃描

找一個不會受到干擾，而且可以放鬆的時間和地方。你可以坐下（保持背部打直）或是在地板上平躺。讓身體放鬆靠在椅子、地板或是靠枕上。感覺自己正在往下陷入，手臂很沉重，你的腿深深地埋進椅子或地板裡。放鬆肩膀。感覺眼皮變得越來越重，然後輕輕地將眼睛閉上，如果你覺得閉眼睛不舒服，那就讓你的雙眼輕鬆地固定看著房間內的某一個位置。

開始把你的注意力放在你的呼吸上。吸氣……吐氣……在這麼做的時候，注意胸膛的起伏。然後，當你準備好之後，開始想像有一束強光照射在身體的某個部位上，將注意力放在這個部位上。首先，看著這道強光照到你的腿和腳上。注意看看腿和腳有沒有任何緊繃的感覺，隨著呼吸，感覺這些緊繃感從身體開始釋放，然後從大腿開始向下，到腳踝、腳掌，然後進入腳下的地板裡。

當你準備好之後，注意看著這道強光移動到你的軀幹上——肩膀、背部、腹部，還有臀部。注意看看這些區域是否有任何緊繃的感覺，然後隨著吐氣，感覺這些緊繃感都從身體裡釋放了，從軀幹流過你的腿、腳，然後進入腳下的地板裡。

接著再注意看著這告強光移動到你的肩膀、手臂和雙手。注意看看這些地方有沒有任何緊繃的感覺，然後隨著吐氣，感覺這些緊繃感從身體釋放，從手臂開始向下來到軀幹，再來到腿和腳，然後進入腳下的地板裡。

最後，注意看著這道光移動到你的頭、臉和頸部。注意看看這些地方有沒有任何緊繃的感覺，然後隨著吐氣，感覺這些緊繃感從身體釋放，從你的肩膀開始向下到軀幹，再來到腿和腳，然後進入腳下的地板裡。

在你準備好之後，輕輕地將你的注意力移回到呼吸上。感覺這道強光照射在你的全身。隨著你吸氣，注意看看有沒有什麼地方感覺到緊繃，而隨著吐氣，讓它全部釋放，感覺到緊繃感從身體向外流去。

等你準備好之後，動動腳指頭，然後輕輕地回到房間裡，你已經準備好帶著煥然一新的自己展開眼前的一天。

如果我還需要更多幫助，可以怎麼做？

每個獨立個體都不盡相同，所以，讓人感覺良好同時可以自我控制的事情也都不一樣。

有時候承認自己的脆弱，反而可以激發你的勇氣、自信和自我接受。

先確認你想要談話的對象是誰非常重要。

心理健康跟身體健康一樣重要。

儘管我們在本書收納了非常多的技巧和方法，讓你可以處理焦慮，但還是建議你要讓某些人知道你的感受，這樣他們才能夠一起支持你。在這裡，會探討尋求幫助會很困難的原因何在、如何尋求協助，以及還有哪些你可以尋求協助的地方。

脆弱的自己

讓其他人知道你正在痛苦掙扎並尋求他們的支持，這並不容易，而和別人談論你的不安全感以及各種感受，也會讓你覺得自己很脆弱。幾乎所有人在向他人敞開心房時，都會覺得不太自在，同時也很擔憂，這是非常自然的事，你一定會擔心其他人會有什麼反應，而且很猶豫是否要「敞開心門」。

在知道這麼做有多麼困難之後，更重要的是記住向他人求助並取得更多資源的好處。有時候承認自己的脆弱，反而可以激發你的勇氣、自信和自我接受。讓別人知道你的感覺，並願意接受你、給你愛，這也可以讓自己更清楚知道，心理問題並不是瑕疵或弱點，而且不應該讓別人用有色眼光看待你。

製造更多焦慮的方式來反擊焦慮，直覺上並不是個好辦法，不過，如果是讓其他人發現你的痛苦，這代表了你的朋友和家人會支持你，並幫你去尋找更近一步的協助，包括了心理治療和服用藥物。

我究竟該怎麼做？

在你開始去想該跟對方說些什麼之前，很重要的是先確認你想要談話的對象是誰。對方應該是你覺得相處起來很舒服，同時也可以信任的人。可能是很親近的朋友、家人、同事，或是醫療專業人員（比方說家庭醫師）。

一旦知道想要談話的對象是誰，就可以開始草擬你想要（以及不想要）和他們聊的內容。這個時候，可以先把這些內容寫下來，之後再拿出來複習。舉例來說，你可能想要讓這個人知道你飽受恐慌症所苦，或是正因為焦慮思緒和感覺而痛苦不堪。不需要跟任何人說你不想說的事情，也不需要一次把全部的事情的告訴他們。要記住，你可以決定自己想跟他們說些什麼，而且是在你想說的時候。在對別人敞開心房的時候，並沒有義務一定要說什麼或做什麼。

當你在規劃想要和誰說、說些什麼的時候，可以先想想看親朋好友可以提供什麼樣的協助。舉例來說，萬一某天你比平常更焦慮了，可以打電話向他們傾訴，他們只需要傾聽。又或者是可以提供好點子來解決問題。同樣地，你可能不太確定自己需要什麼，這也沒有關係。你們可以一起想策略來幫助你因應，也可以一起試驗看看這些方法有沒有效。

不幸的是，有時候這些人並沒有我們所希望的那麼有幫助。有時候，有些人會試著要「解決問題」，而不是傾聽你的憂慮並幫助你釐清感覺；那麼，情況就會變得很棘手（而且會讓人很生氣），不過至少這是可以解決的事！敞開心房跟別人聊你的焦慮，有時候也會碰到一些沒有什麼幫助的評論，像是：「你只是需要放鬆一下」、「根本沒有什麼好擔心的嘛」，甚至是「不要再胡思亂想了」。有太多太多會讓你聽了覺得不受重視或遭到誤解的批評。

在這裡很重要的一點是，有人對你的焦慮做出了無用的回應，並不代表你的感覺和痛苦不是真實的。很多人沒辦法談自己難以說出口的想法和感覺，或是與自己的想法和感覺產生連結，所以面對那些身處低潮的人時，他們也很難幫得上忙。有時候，你可能會在某人「沒有防備」的時候跟他說了這些事，在那當下，他們其實不確定應該如何回應，但這不表示他們不關心你，而很有可能是他們非常擔心自己的言行會讓情況更糟，所以希望能在想清楚之後再做回應。如果親朋好友很難理解你的狀況，最好的辦法就是跟他們清楚說明有什麼是他們幫得上忙的地方。他們可以聽你說話、陪你去看家庭醫師、跟你一起去參加新的活動，或是只要等到焦慮解除前，能夠在電話的另一端陪著你就好。

有些人可能無法陪你聊焦慮和擔憂，也沒有辦法給你支援，但一定還有其他願意支持與同情你的人。記住，問題絕大部分是在他們身上，是他們沒有辦法談論並處理自己的感覺和焦慮才會如此，這並不是他們對你這個人的想法，也不是對你人格的評價。如果你的第一次嘗試失敗了，再找一個不同的人試看看，或者也可以去找心理健康方面的專業人士。

試試看羞恥遊戲

現在的媒體與社會開始大力地推動心理健康的意識，比起以前，你也會看到現在更多人在討論有關心理健康這個議題，但其實還有一段很漫長的路要走！我們還是很常看到心理健康議題仍然會引發當事人覺得羞恥和丟臉的感覺，或是被他人貼標籤。

會焦慮或是有其他心理健康問題是很普遍的事，而且絕對不是軟弱的代表或任何人的錯。就像你不會去責怪一個得了流感或是感冒的人一樣，你也不能責怪自己為什麼如此痛苦。人生很艱難，每個人都有感到難以承受的時候，雖然不見得每次都會發現自己需要幫助，但我們需要幫助才能繼續面對。

有時候會感覺到，社會就像是在身體健康問題和心理健康問題之間畫了一條線來區隔，這會讓人覺得心理健康並不「真實」或「重要」。事情並非如此。心理健康跟身體健康一樣重要。心理也會生病，就和身體一樣，它們同樣都需要好好照顧。

每四個人之中就有一個人曾在人生的某段時期出現過心理問題，所以是停止讓別人覺得羞恥的時候了，也必須嚴正看待心理健康這個議題。有許多慈善團體都設有協助網站，提供各種關於焦慮的資訊，也有一些連結，分享曾有過類似痛苦的經驗談（本章最後列出了許多這類網站）。

提醒自己，你並不孤單，這能幫助你減輕羞恥的感覺，也能夠讓你繼續朝康復之路邁進。我們希望本書中分享的所有故事，都能幫助你看見，你有許多同伴，情況一定可以改善，也絕對會變得更容易。

找專業人士討論

找朋友和家人談你的焦慮可能會讓人卻步，但有時候找家庭醫師或其他醫療專業人士談，也一樣會有其困難之處。通常，醫療院所或治療師辦公室的氣氛會讓人感到害怕且沉重。如果可以的話，可以找人陪你一起去，最好是你信任的朋友或家人，他們可以在看診過程中幫你增加信心（還可以幫你記過程中醫師說的話）。

雖然找人陪你一起去看醫師可以給你信心，你可能還是需要讓對方在事前就知道，希望他們在看診時參與到什麼程度。舉例來說，你可能會想要自己說明你的感覺，而不是被「代言」。一般來說，醫師會問你一些與感覺相關的問題，以及有這種感覺多久了。有時候他們會給你幾種不同的問卷填寫，這樣他們才能比較清楚你的問題是什麼，以及他們可以如何提供幫助。

醫師可能會建議你去看心理諮商師、加入治療計畫，或是考慮服藥來幫助解決問題。如果不確定他們跟你討論的事情究竟是怎麼一回事，隨時都可以向他們提問。現在有許多方便好用的網站，像是HeadMeds，提供了許多不同藥物和治療法的資訊，可以更容易瞭解有哪些治療的選項，以及它們的療程方式各是如何。

如果你覺得這位專業人士沒有認真看待你的焦慮問題，也不要太擔心。隨時都可以換另外一位醫師。有些家庭醫師和醫院醫師的專長就是心理健康問題，這會讓你感覺可以更放心地去找他們。

大衛的經驗談

我一直都認為自己是個精力充沛的人，一個可以面對任何挑戰，而且不會受到任何事情困擾的人。然而，有段時間卻連我自己都覺得不可思議，我有一年的時間飽受焦慮所苦，對情緒和身體健康造成了很大的影響。

焦慮變成問題是在我離開家鄉，跟伴侶一起搬到其他國家之後。當時的我很想家，而且花了很多時間在擔憂我的未來，我可以選擇移民到加拿大，但是發現離開家鄉和家人這個可能性讓我覺得非常難以接受。在面對這個是否要移民的重大決定時，我非常憂慮，因為這會改變人生的方向，而我不是很清楚自己的工作該怎麼辦，以及長期下去要靠什麼過活。

同時我也感到居住在多倫多非常孤單。因為另一半的關係我交了幾個朋友，但是他們沒有一個人是真正「懂」我或認識我。文化差異也是一件讓我覺得很棘手的事——開玩笑的點不同，歷史和人民的觀點也不同。遇到的人感覺都不是很認同我的歷史和世界觀，而這讓我覺得缺少了與地方和當地人的連結。

另外一個很重要的因素是，我發現我沒辦法跟任何人說我的感受。伴侶的父母希望我能夠留下來給了我很大的壓力，這也讓我更加難以跟他們分享我的感覺。朋友和家人都以為我在加拿大過著非常幸福的生活，所以也沒有問我過得如何。而我也發現很難向自己承認很痛苦，因為我一直認為自己什麼都能夠處理，所以要向自己承認自己過得不好，會徹底撼動我對自我的看法。

我對自己應該怎麼做這件事過度思考、反覆糾結，結果讓自己更加難以承受，因為滿腦子都在想這件事。我開始孤立自己不跟其他人接觸，我無法入睡，得了濕疹和牛皮癬，而且腦袋一直快速轉個不停，有別人在身邊時就會焦慮不已，完全無法享受任何事情。這種狀況持續了將近一年，我只是一直「隨波逐流」，期待事情可能會有所改變。結果終於在工作時大爆發，我在工作的酒吧，跟經理為了一位客人的帳單有了一點小爭執，當場就直接辭職走人。我終於受夠了，再也沒辦法繼續撐下去了——也可以說是「我的桶子已經裝不下了」。（我到現在為止都還沒有再跟那位經理見過面！）

我花了很長的時間，很用力地看著自己，終於承認我需要他人的支援。我打電話給父母親，跟他們說了我當時的感受，在Skype上痛哭流涕，但這讓我在那一刻感覺棒極了！感覺就像是一整年份的焦慮全部在這次談話中破堤而出，對我來說是一大解放，我甚至可以感覺到連身體都放鬆了。我對另一半坦誠以告，我把感受全跟她說了，於是我們規劃好未來將回到英國，讓我發展我的事業。

我也跟親近的幾個好朋友說了當時發生的所有事情，他們都不知道我那麼痛苦。這些與朋友的對談給了我許多建議和支持，而事實上也讓我的狀況以及所做的決定，感覺起來不再那麼難以承受。同時我也開始跑步。這是能撐過焦慮的重要原因，因為跑步能夠立刻讓我從焦慮感中解脫，讓腦袋平靜下來，降低過度思考的習慣，同時也能在晚上感到疲倦和放鬆，幫助我沉沉入睡。

從那段時間裡體會最深刻的一點就是，在我感到擔憂或焦慮的時候，找人分享心中的憂慮並尋求支持非常重要。我明白一個人過度思考並反覆糾結在問題上，只會讓問題越來越大。分享憂慮對我來說非常重要，這讓我比較能掌控焦慮，同時也讓思緒更加清楚明白，讓我能夠為自己的未來和健康做決定。

也讓我瞭解到，無論我是誰或想做什麼，都需要和人有連結，我需要有歸屬感，而我有許多方法可以達成這一點。跟那些對你來說很重要的人保持聯繫，參加運動社團或是其他的社交活動，多培養一些興趣，這些都能夠為你帶來愉快的感覺和目標，也是我在未來會繼續做下去的事情。或許有一天我會再回到加拿大，但現在的我已經知道可以做哪些事情來支持自己的行動和心理！

參考資訊：

・學習相關APP／心智圖
www.Lucidchart.com
www.mindjet.com
www.mural.com
www.mindnode.com

・多功能的錄音APP
www.voicedream.com
www.Livescribe.com

・代辦事項清單
番茄工作法的APP：
www.getfinish.com
www.Wunderlist.com

練習一　過著符合價值觀的生活

這個回顧練習可以幫助思考生活中對你來說很重要的事、你想要過什麼樣的生活，也可以幫助你用想要的方式來生活。這能夠讓你對自己所做的事情更有目標也更有動力。而有了目標和動力之後，就能提升個人的韌性，並減少焦慮思考，同時也會讓你在做決定時有更清楚的心智。

有兩種方式可以來進行這個練習，而它們可以讓彼此更完整（所以最好是兩種都做！）

方法一：想像你的四十歲生日（還要很久、很久以後）。有位朋友決定要為你發表一場演說，內容會談到你的為人、對你來說最重要的事，以及到目前為止的人生中所達到的成就。你會希望他們說些什麼？你希望四十歲的你會是什麼模樣呢？

方法二：先讀下方的個人價值清單。哪一項最吸引你（有些會讓你一看就立刻有感覺）？哪一項最讓你有共鳴，或是對你來說最重要？可挑選四到五種價值，或者如果可以想到更多其他項目，也可以自行增加。

> 友誼、幫助他人、做出貢獻、與他人連結、好玩、有成就感、冒險、挑戰自我、成為團隊中的一分子、獲取知識或成為知識豐富的人、追求職涯目標、對事物充滿熱情、金錢／富足的財務狀況、建立／維持家庭關係、活在當下、健康（身體／心理）、信仰／信念、得到愛、創造力、尊嚴、責任、安全感、勇氣、為世人做出重大改變、領導他人

現在你知道自己重視的價值有哪些了，來想想目前的生活有符合這些價值的程度是如何，一次挑一個價值，用〇到五來排序（〇＝完全沒有；五＝完全符合）。然後想想你可以做些什麼事，讓自己更靠近或持續保有這些價值。

舉例來說，蘇重視的其中一個價值是「好玩」。她認為人生太短暫，如果老是

緊繃著臉嚴肅以對實在太辛苦，所以她想要體驗更多充滿未知冒險的事情。以當下這個時刻來看，她現在大概只有達到五分之二的程度，因為她的工作實在太忙了。所以，現在她準備為自己訂定一個目標：「每個月嘗試一項新活動」，比方像是手滑槳板（她想玩已經想了好幾年了）。

價值描述評分目標

1.
2.
3.
4.
5.
6.
7.

記錄你的價值和目標會對你很有幫助，之後可以拿出來檢視它們是否隨著時間而有所改變。這能夠激勵你去過得更符合目標的生活，同時也能幫助你擁有更豐富的人生。另外一個能夠達同樣目的的方法是，你可以請很熟識的朋友偶爾幫你「檢查」一下是否有達到這些目標。所以，如果你們有任何人認識蘇，也歡迎你鼓勵或找她一起去玩手滑槳板……

你也可以利用這些價值來幫助你在做決定時，想想什麼才是最重要的事。

練習二　測試安全行為

我的安全行為有哪些？
除了這些安全行為之外，還有哪些事是我會去做的？（詳細描述你會做和不會做的事各有哪些）

如果不去做平常會做的安全行為，你覺得會發生什麼事？（你害怕些什麼？）	當你在進行這個實驗時（也就是在社交場合中完全不做任何安全行為），實際上發生了什麼事？	你從這個實驗中學到了些什麼？有什麼感想？下一次會改變作法嗎？

練習三　挑戰你的想法

情況是如何？	有什麼想法？

我有多相信自己的想法？（以%來計算）	有什麼證據可以支持或反駁這個想法？我有沒有發現這個想法中的誤謬之處？	現在我有多相信我的想法？（以%來計算）	什麼樣的想法會更精確或對我更有幫助？

練習四　創造一個對你慈祥和善的假想對象

這個想像練習主要是要創造出另一個能夠讓你感到舒適、受到同理關懷，並覺得安心的對象——這個對象可以是人、動物，或物品。最重要的一點是，這個「對象」願意支持你、安撫你，並且對你非常和善寬容。不過，這個「對象」也可能會隨著時間而有所改變，這也沒有關係。這個想像的對象會對你在面對棘手的念頭時非常有幫助，你可以在很難熬的狀況下想像這個對象會對你說些什麼話，來幫助你找到其他對你更有益的想法。

讓你安心的對象

輕輕地閉上眼睛，放鬆身體。讓呼吸緩和下來，用你覺得舒服的節奏來呼吸，讓壓力隨著每一次的吐氣而從身體裡排出。等你覺得準備好了，就開始想像有一個讓你安心的對象朝你靠近。

想像他們知道你的感受，他們完全能夠理解。感覺他們想要幫助你，讓你感覺緩和又舒適。當他們朝你靠近時，讓他們的具體形象慢慢成形。

這個讓你安心的對象是什麼模樣呢？他們是高挑還是嬌小？是男性還是女性？年長或是年輕？是人、動物，還是物品？是毛茸茸的，還是很光滑？他們用什麼方式靠近你？

你的這位對象是如何嘗試著要讓你感到安心呢？他們是否與你四眼相望？是否給你擁抱？或是牽起你的手？

他們是否開口和你說話？聲音聽起來是什麼樣子？是粗啞還是柔和？大聲還是小聲？他們跟你說了些什麼，讓你感覺平和舒適呢？如果他們知道你在想什麼，他們會跟你說些什麼呢？

讓這些景象自然地在你的腦袋中流轉，但是讓那些安全和平靜的感覺留下來。

當你覺得準備好了，就讓自己回到實際所在的房間裡。你可以動動腳指頭，慢慢地讓自己從想像中回到現實。

練習五　正向活動

1. 去樹林間散個步。
2. 去海邊走走。
3. 洗個泡泡浴。
4. 去游泳。
5. 去跑步。
6. 邀請朋友來家裡喝杯茶或咖啡。
7. 打電話給某個能讓你開懷的朋友聊聊。
8. 播放一首愛聽的歌，隨之起舞並大聲跟著一起唱。
9. 開車去個風景優美的地方兜風。
10. 看你最愛的電影。

11. 去按摩。
12. 去挑些花然後買下送給自己。
13. 寄張卡片給你愛的人，告訴他們你有多愛他們。
14. 看 YouTube 上的影片或是貓咪。
15. 帶小朋友去公園玩，或是去餵鴨子。
16. 找家裡的人一起玩拼字遊戲。
17. 上網找身在世界另一端的人一起玩拼字遊戲。
18. 參加社團（跑步／西洋棋／編織）。
19. 去學勾針編織／打毛線／縫紉。
20. 專心地散步。
21. 烤個蛋糕。
22. 畫一幅畫。
23. 整理衣櫥。

練習六　自我照顧計畫

當我感到壓力時，會發現：

1.

2.

3.

4.

5.

我必須確定自己：

1. 有睡飽。
2. 每天吃三餐，攝取大量的水果和蔬菜。
3. 每週運動三次（至少要去散散步）。
4. 沒有喝太多含咖啡因飲料。
5. 沒有依賴酒精或其他藥物來因應壓力。

我可以藉由以下的方式來照顧好自己：

1. 做些正向的活動，比方說：

•

•

•

專事大人微焦慮求生指南

THE ANXIETY SURVIVAL GUIDE

Getting through the Challenging Stuff